1日5分で成績が上がる!

小学生の語《ご》彙《い》力《りょく》アップ1200

Naohiro Fukuda
福田尚弘

JN023086

はじめに

この本《ほん》は、小学生全般《しょうがくせいぜんぱん》を対象《たいしょう》として、日常語彙《にちじょうごい》を効率《こうりつ》よく増《ふ》やすために作られたものです。

お子様《こさま》の言語能力《げんごのうりょく》は、小学生《しょうがくせい》のうちにその基盤《きばん》が形成《けいせい》されます。この段《だん》階《かい》までに多《おお》くの語句《ごく》を習《しゅう》得《とく》しておくことは、国《こく》語力《ごりょく》は言《い》うまでもなく、「考《かんが》える力《ちから》」の土台作《どだいづく》りになります。

お子様《こさま》の国語力《こくごりょく》と思考《しこう》力《りょく》を高《たか》めるために、この本《ほん》による学習《がくしゅう》をお勧《すす》めします。

『1日《にち》5分《ふん》で成績《せいせき》が上《あ》がる！ 小学生《しょうがくせい》の語彙力《ごいりょく》アップ1200』の使《つか》い方《かた》

＊「一日五分《いちにちごふん》で一《いち》ページ」など、無理《むり》のないペースで進《すす》めてください。

＊「日曜日《にちようび》は復習《ふくしゅう》の日《ひ》」などとして、確実《かくじつ》に語彙《ごい》を増《ふ》やしましょう。

一番《いちばん》ぴったりくることばを上《うえ》から選《えら》んで、穴埋《あなう》めしましょう。

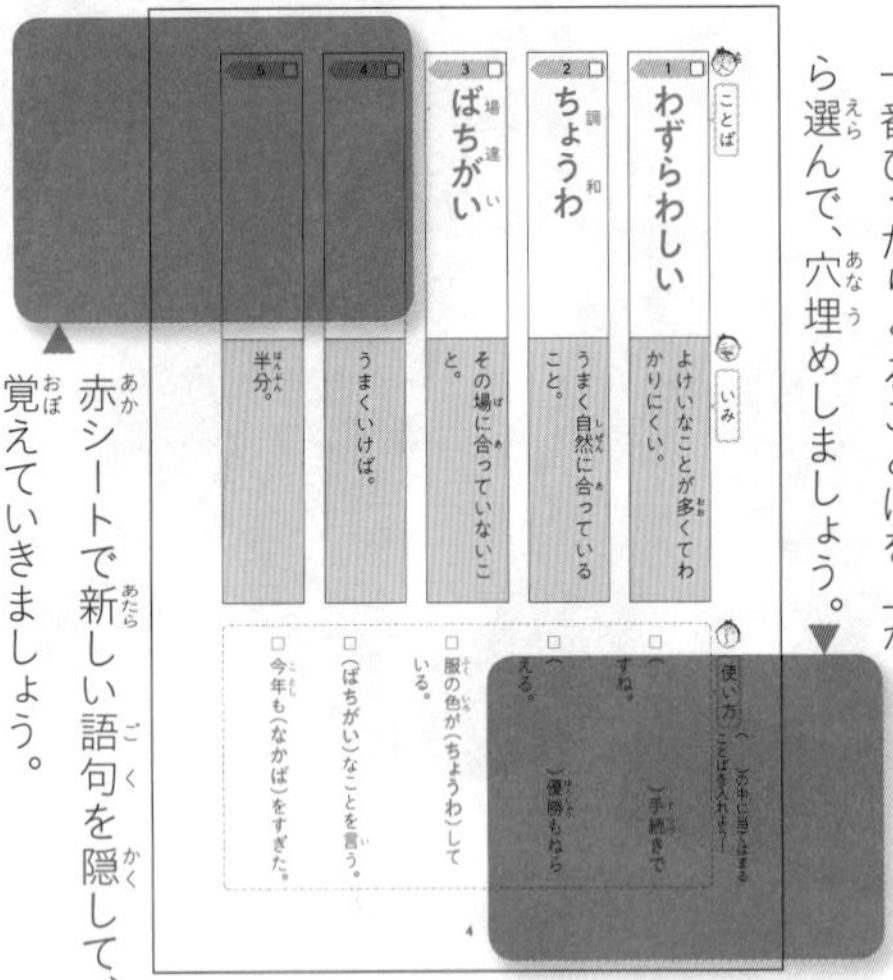

赤《あか》シートで新《あたら》しい語句《ごく》を隠《かく》して、覚《おぼ》えていきましょう。

〈レベルについて〉

基礎編《きそへん》 3ページ〜
低《てい》・中学年《ちゅうがくねん》レベル

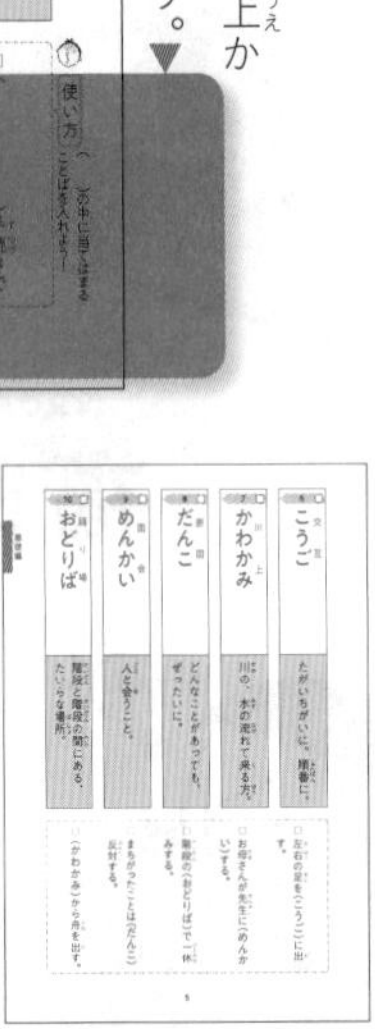

発展編《はってんへん》 125ページ〜
中《ちゅう》・高学年《こうがくねん》レベル

基礎編《きそへん》

ことば ／ いみ ／ 使い方

	ことば	いみ	使い方

使い方 （　）の中に当てはまることばを入れよう！

---

1 ☐ **わずらわしい**
いみ：よけいなことが多くてわかりにくい。
使い方：☐ （わずらわしい）手続きですね。

2 ☐ **ちょうわ**（調和）
いみ：うまく自然に合っていること。
使い方：☐ 服の色が（ちょうわ）している。

3 ☐ **ばちがい**（場違い）
いみ：その場に合っていないこと。
使い方：☐ （ばちがい）なことを言う。

4 ☐ **あわよくば**
いみ：うまくいけば。
使い方：☐ （あわよくば）優勝もねらえる。

5 ☐ **なかば**（半ば）
いみ：半分。
使い方：☐ 今年も（なかば）をすぎた。

6 □
こうご
交互
たがいちがいに。順番《じゅんばん》に。

7 □
かわかみ
川上
川《かわ》の、水《みず》の流《なが》れて来《く》る方《ほう》。

8 □
だんこ
断固
どんなことがあっても。ぜったいに。

9 □
めんかい
面会
人《ひと》と会《あ》うこと。

10 □
おどりば
踊り場
階段《かいだん》と階段《かいだん》の間《あいだ》にある、たいらな場所《ばしょ》。

□ 左右《さゆう》の足《あし》を（**こうご**）に出《だ》す。

□ お母《かあ》さんが先生《せんせい》に（**めんかい**）する。

□ 階段《かいだん》の（**おどりば**）で一休《ひとやす》みする。

□ まちがったことは（**だんこ**）反対《はんたい》する。

□ （**かわかみ**）から舟《ふね》を出《だ》す。

11 □

ことば

しゅうけい
集計

いみ

集《あつ》めて合計《ごうけい》すること。

12 □

しおらしい

おとなしくしていて、かわいらしい。

13 □

ぎんみ
吟味

物事《ものごと》をよく調《しら》べ、考《かんが》えること。

14 □

しゃんと

姿勢《しせい》がきりっとしているようす。

15 □

くりあげる
繰り上げる

予定《よてい》を早《はや》くする。

使い方

（　）の中に当てはまることばを入れよう！

□海《うみ》へ行《い》く日《ひ》を（**くりあげる**）。

□せすじを（**しゃんと**）のばそう。

□よく（**ぎんみ**）してから買《か》いなさい。

□今日《きょう》の兄《あに》はみょうに（**しおらしい**）。

□入場者《にゅうじょうしゃ》の数《かず》を（**しゅうけい**）する。

16 □
いがみあう
おたがいに憎《にく》み合《あ》って争《あらそ》う。

17 □
むえん
無縁
関係《かんけい》のないこと。

18 □
きちょうめん
細《こま》かいところまできちんとするようす。

19 □
いっけん
一見
一度《いちど》見《み》ること。

20 □
ねんいり
念入り
よく注意《ちゅうい》していねいに行《おこな》うようす。

□ 姉《あね》は（**きちょうめん**）な性《せい》格《かく》です。

□ その絵《え》は（**いっけん**）しておくべきだ。

□ 兄弟《きょうだい》で（**いがみあう**）のはやめよう。

□（**ねんいり**）に仕事《しごと》をする。

□ あの人《ひと》はわたしとは（**むえん**）だ。

ことば / いみ

	ことば	いみ
21 □	ちりばめる	あちこちに散《ち》らしてはめこむ。
22 □	けじめ	わけめ。区別《くべつ》。
23 □	くちぶり（口振り）	話《はな》し方《かた》。
24 □	そっちょく（率直）	すなおなようす。
25 □	うつぶせ	下向《したむ》きに寝《ね》ること。

使い方

（　）の中に当てはまることばを入れよう！

□ 勉強《べんきょう》と遊《あそ》びの（**けじめ**）をはっきりさせる。

□ （**そっちょく**）な考《かんが》えをのべる。

□ 妹《いもうと》は、（**うつぶせ**）に寝《ね》ている。

□ 王冠《おうかん》に宝石《ほうせき》を（**ちりばめる**）。

□ わかっているような（**くちぶり**）だね。

26 □

あっけない

予想《よそう》したよりも簡単《かんたん》でものたりない。

27 □

ひなん

非難

まちがった点《てん》をせめること。

28 □

かりに

仮に

その時《とき》だけ。まにあわせに。

29 □

かんだい

寛大

心《こころ》が広《ひろ》く思《おも》いやりのあるようす。

30 □

こえる

肥える

たいへんに太《ふと》ること。

□ 約束《やくそく》を破《やぶ》って（**ひなん**）をあびる。

□ 家《いえ》がたつまで（**かりに**）アパートに住《す》む。

□ 食《た》べすぎと寝《ね》すぎで、猫《ねこ》が（**こえる**）。

□ 先生《せんせい》はとても（**かんだい**）な人《ひと》だ。

□ （**あっけない**）負《ま》け方《かた》だった。

ことば

31 □
あわただしい

32 □
ごらく 娯楽

33 □
ぼうそう 暴走

34 □
ちみつ ち密

35 □
おぎなう 補う

いみ

31 いそがしくて落《お》ち着《つ》かないようす。

32 人《ひと》の心《こころ》を楽《たの》しませてくれるもの。遊《あそ》び。

33 むちゃくちゃに走《はし》ること。

34 細《こま》かいようす。

35 足《た》りないところをつけたす。

使い方

（　）の中に当てはまることばを入れよう！

□ 三塁《さんるい》に（**ぼうそう**）してアウトになった。

□ この街《まち》は（**ごらく**）が多《おお》い。

□ 足《た》りないお金《かね》を（**おぎなう**）。

□ （**ちみつ**）な計画《けいかく》を立《た》てる。

□ 年末《ねんまつ》はなんだか（**あわただしい**）。

36 □
じょう
情

人《ひと》を思《おも》いやる気持《きも》ち。

37 □
きざし
兆し

何《なに》かが始《はじ》まりそうなようす。

38 □
みくびる
見くびる

相手《あいて》の力《ちから》を軽《かる》くみる。

39 □
ちょくしん
直進

まっすぐ進《すす》むこと。

40 □
ようぼう
要望

こうしてほしいと望《のぞ》むこと。

□兄弟《きょうだい》の（**ようぼう**）を両親《りょうしん》に提出《ていしゅつ》する。

□彼《かれ》は（**じょう**）が深《ふか》い人《ひと》です。

□このまま（**ちょくしん**）しなさい。

□小《ちい》さいからといって（**みくびる**）な。

□春《はる》の（**きざし**）が感《かん》じられます。

ことば

41 □ はいふ《配布》

いみ

広《ひろ》くくばること。

42 □ たてつづけ《立て続け》

連続《れんぞく》して。

43 □ いましめ

きびしい教《おし》え。

44 □ ひとりよがり《独りよがり》

自分《じぶん》ひとりだけがいいと思《おも》うこと。

45 □ ぬきうち

前《まえ》もって知《し》らせないで急《きゅう》に行《おこな》うこと。

使い方

（　）の中に当てはまることばを入れよう！

□ （たてつづけ）に負《ま》けてしまう。

□ 父《ちち》の（いましめ）を守《まも》る。

□ それは（ひとりよがり）な考《かんが》えだ。

□ テストを（はいふ）する。

□ （ぬきうち）にテストがあった。

46 □
ほご
保護

助《たす》けて守《まも》ること。

47 □
むしがいい
虫がいい

自分《じぶん》のつごうばかり考《かんが》えている。

48 □
むしかえす
蒸し返す

すんだことをもう一度《いちど》問《もん》題《だい》にする。

49 □
あいにく

残念《ざんねん》だが。

50 □
いれい
異例

今《いま》までにないこと。

□ 試合《しあい》は（**あいにく**）中止《ちゅうし》になった。

□ けが人《にん》を（**ほご**）する。

□ 遊《あそ》んでくらしていこうとは、（**むしがいい**）。

□ 十五才《じゅうごさい》で大学入学《だいがくにゅうがく》なんて、（**いれい**）だ。

□ 終《お》わったけんかを（**むしかえす**）。

ことば／いみ

51 □ まわりくどい《回りくどい》
こみいってめんどうだ。

52 □ てっする《徹する》
何《なに》かを最後《さいご》までつらぬくこと。

53 □ かろうじて
ぎりぎりで。

54 □ ひとさわがせ《人騒がせ》
人《ひと》をおどろかせて迷惑《めいわく》をかけること。

55 □ じょげん《助言》
助《たす》けてもらうためのことば。

使い方
（　）の中に当てはまることばを入れよう！

□ 授業《じゅぎょう》に（かろうじて）まにあった。

□ （まわりくどい）話《はなし》ですね。

□ 脇役《わきやく》に（てっする）。

□ （ひとさわがせ）な話《はなし》だなあ。

□ 先生《せんせい》に（じょげん）をもとめる。

56 □
せってい
設定
決《き》まりごとを新《あたら》しくつくること。

57 □
そむける
背ける
そちらを見《み》ないようにする。

58 □
ふたしか
不確か
たしかでないようす。

59 □
みすごす
見過ごす
知《し》っているのにそのままにしておく。

60 □
たずさえる
携える
持《も》っていく。

□ハイキングに水筒《すいとう》を（**たずさえる**）。

□新《あたら》しく規則《きそく》を（**せってい**）する。

□おそろしさに、思《おも》わず顔《かお》を（**そむける**）。

□今回《こんかい》のことは（**みすごす**）わけにはいかない。

□昨日《きのう》の記憶《きおく》が（**ふたしか**）だ。

ことば

いみ

61 □ **あとずさり**
後ずさり
前《まえ》を向《む》いたまま うしろに下《さ》がること。

62 □ **こだし**
小出し
少《すこ》しずつ出《だ》すこと。

63 □ **そのばかぎり**
その場限り
そのときだけ。

64 □ **ふえて**
不得手
得意《とくい》でないこと。

65 □ **とだえる**
途絶える
続《つづ》いていたものが止《と》まる。

使い方　（　）の中に当てはまることばを入れよう！

□ こづかいを（**こだし**）に使《つか》う。

□ （**そのばかぎり**）の言《い》いわけをするな。

□ ぼくは算数《さんすう》が（**ふえて**）だ。

□ 友《とも》からの便《たよ》りが（**とだえる**）。

□ おばけから（**あとずさり**）する。

66 □

なんなく

難なく

かんたんに。

67 □

つぶさに

細《こま》かく。

68 □

じょうない

場内

ある場所《ばしょ》の中《なか》。

69 □

うながす

促す

急《いそ》がせる。さいそくする。

70 □

ちゅうだん

中断

途中《とちゅう》で止《と》めること。

□ **（じょうない）**放送《ほうそう》が流《なが》れた。

□ 最初《さいしょ》のレベルは**（なんなく）**クリアできた。

□ 雨《あめ》のため試合《しあい》を**（ちゅうだん）**する。

□ 相手《あいて》の返事《へんじ》を**（うながす）**。

□ 虫《むし》を**（つぶさに）**調《しら》べる。

ことば / いみ

71 ふくらはぎ
すねのうしろの、肉《にく》のふくらんだ部分《ぶぶん》。

72 はつらつ
たいへん元気《げんき》がいいようす。

73 けんえんのなか（犬猿の仲）
ひじょうに仲《なか》の悪《わる》いことのたとえ。

74 おろそか
物《もの》ごとをいいかげんにすること。

75 きが（飢餓）
食《た》べることができないこと。

使い方

（　）の中に当てはまることばを入れよう！

- □ 世界《せかい》には（**きが**）に苦《くる》しむ人《ひと》が大勢《おおぜい》いる。
- □（**ふくらはぎ**）がつった。
- □ あの二人《ふたり》は（**けんえんのなか**）だ。
- □ 勉強《べんきょう》を（**おろそか**）にしてはいけない。
- □ みんな（**はつらつ**）としているね。

76 □

てにとるように

手に取るように

はっきりわかるようす。

77 □

ぎこちない

へたで、うまくいかないようす。

78 □

らせん

うずまきの形《かたち》。

79 □

わざわい

災い

悪《わる》いできごと。

80 □

おうちゃく

横着

なまけること。

□（**らせん**）階段《かいだん》。

□口《くち》は（**わざわい**）のもと。

□妹《いもうと》の行動《こうどう》が（**てにとるように**）わかる。

□この（**おうちゃく**）者《もの》！

□（**ぎこちない**）運転《うんてん》だ。

ことば

81 □ **もくろむ**

いみ：たくらむ。

82 □ **はにかむ**

いみ：はずかしがる。

83 □ **にちや**（日夜）

いみ：昼《ひる》も夜《よる》も。

84 □ **みち**（未知）

いみ：まだ知《し》られていないこと。

85 □ **あなどる**（侮る）

いみ：ばかにする。下《した》に見《み》る。

使い方　（　）の中に当てはまることばを入れよう！

□ 妹《いもうと》が顔《かお》を赤《あか》くして（**はにかむ**）。

□ （**みち**）の世界《せかい》を冒険《ぼうけん》する。

□ ひとりじめを（**もくろむ**）。

□ あのチームの力《ちから》を（**あなどる**）なよ。

□ 両親《りょうしん》は（**にちや**）仕事《しごと》にはげんでいる。

86 □
しんそう
真相
本当《ほんとう》のすがたやようす。

87 □
そくざに
即座に
まよわず、すぐに。

88 □
ひっこみじあん
引っ込み思案
進《すす》んで物事《ものごと》をしようとしないこと。

89 □
うごめく
もぞもぞと動《うご》く。

90 □
ありがためいわく
ありがた迷惑
相手《あいて》の親切《しんせつ》が、逆《ぎゃく》にめいわくなこと。

□健一君《けんいちくん》は（**ひっこみじあん**）な方《ほう》だ。

□（**ありがためいわく**）だけど、そうは言《い》えない。

□さくらの枝《えだ》に毛虫《けむし》が（**うごめく**）。

□事件《じけん》の（**しんそう**）がわからない。

□質問《しつもん》に（**そくざに**）答《こた》える。

ことば

91 □ はくじょう《白状》

92 □ こうろん《口論》

93 □ ぼうぜん《ぼう然》

94 □ からいばり

95 □ ちゃかす《茶化す》

いみ

91 かくさずに言《い》うこと。

92 言《い》い争《あらそ》うこと。

93 ぼんやりするようす。

94 見《み》た目《め》だけ強《つよ》そうにすること。

95 まじめなことをじょうだんのようにする。

使い方

（　）の中に当てはまることばを入れよう！

□ぼくの話《はなし》を（**ちゃかす**）なよ。

□ビルが倒《たお》れるのを（**ぼうぜん**）と見《み》る。

□弱《よわ》いくせに（**からいばり**）するな。

□正直《しょうじき》に（**はくじょう**）しなさい！

□仲間《なかま》うちで（**こうろん**）が始《はじ》まった。

96
償《つぐな》う
自分《じぶん》のあやまちをうめる。

97
飽《あ》き足《た》りない
もの足《た》りない。

98
ありきたり
ふつうの。めずらしくないこと。

99
知《し》らず知《し》らず
気《き》がつかないうちに。

100
出《で》そろう
みんな出《で》てきてそろう。

□すべてのメンバーが（**でそろう**）。
□一試合《いっしあい》だけでは（**あきたりない**）。
□罪《つみ》を（**つぐなう**）。
□（**しらずしらず**）のうちにねむってしまった。
□（**ありきたり**）のマンガじゃつまらない。

ことば / いみ

101 □ **やさき** 矢先
ちょうどそのとき。

102 □ **うけおう** 請け負う
仕事《しごと》などを引《ひ》き受《う》ける。

103 □ **つど** 都度
そのたびに。そのときはいつも。

104 □ **つみほろぼし** 罪滅ぼし
罪《つみ》をうめあわせるような行《おこな》いをすること。

105 □ **やぼう** 野望
大《おお》きなのぞみ。

使い方

（　）の中に当てはまることばを入れよう！

□ 食事《しょくじ》の（**つど**）手《て》を洗《あら》う。

□ 母《はは》を泣《な》かせたことの（**つみほろぼし**）をする。

□ 総理《そうり》大臣《だいじん》になる（**やぼう**）をもっている。

□ その仕事《しごと》を（**うけおう**）ことにした。

□ 出《で》ようとした（**やさき**）に雨《あめ》が降《ふ》り始《はじ》めた。

106

かさばる

かさ張る

物《もの》の量《りょう》が大《おお》きくなる。

107

ひきわたす

引き渡す

他《ほか》の人《ひと》にわたす。

108

しょたいめん

初対面

その人《ひと》とはじめて会《あ》うこと。

109

よふかし

夜更かし

夜遅《よるおそ》くまで起《お》きていること。

110

みせしめ

見せしめ

人《ひと》に見《み》られるように罰《ばつ》を与《あた》えること。

□かばんが（**かさばる**）ので持《も》ちにくい。

□さわいだ（**みせしめ**）に、ろうかに立《た》たされる。

□迷子《まいご》の猫《ねこ》を（**ひきわたす**）。

□あの人《ひと》とは（**しょたいめん**）です。

□（**よふかし**）して本《ほん》を読《よ》む。

ことば

111 □ ちょうしょ《長所》
いみ：すぐれているところ。

112 □ なごやか《和やか》
いみ：やわらかな感《かん》じ。

113 □ あじけない《味気ない》
いみ：おもしろみがない。

114 □ うちき《内気》
いみ：おとなしく、でしゃばらないこと。

115 □ うでずく《腕ずく》
いみ：話《はな》し合《あ》いをせず、無理《むり》に力《ちから》で解決《かいけつ》すること。

使い方　（　）の中に当てはまることばを入れよう！

□（あじけない）内容《ないよう》の番組《ばんぐみ》だ。

□（うちき）な性格《せいかく》の人《ひと》。

□（うでずく）で取《と》りもどす。

□（なごやか）なふんいきのクラス。

□君《きみ》の（ちょうしょ）は素直《すなお》なことだ。

116 □ わるあがき

悪あがき

むだなことをためしてみること。

117 □ かけがえのない

かわりがないほど大切《たいせつ》な。

118 □ のどか

のんびりしているようす。

119 □ ひしめく

たくさんの人《ひと》や物《もの》でうまっている。

120 □ ほねおりぞん

骨折り損

苦労《くろう》してもむだになること。

- □ プールに人《ひと》が（**ひしめく**）。
- □ そんな（**わるあがき**）はやめなさい。
- □ がんばったのに、（**ほねおりぞん**）だ。
- □ いなかは（**のどか**）でいいな。
- □ 命《いのち》は（**かけがえのない**）ものだ。

ことば / いみ

121 □ **むち**（無知）
知《し》らないこと。

122 □ **いいぶん**（言い分）
言《い》いたいこと。

123 □ **そこなう**（損なう）
悪《わる》くする。

124 □ **すえる**
腐《くさ》ってすっぱくなる。

125 □ **かたくるしい**（堅苦しい）
まじめすぎる。

使い方　（　）の中に当てはまることばを入れよう！

□（**かたくるしい**）話《はなし》はやめよう。

□ぼくの（**いいぶん**）も聞《き》いてよ。

□信用《しんよう》を（**そこなう**）ことはよそう。

□その国《くに》の歴史《れきし》について全《まった》く（**むち**）です。

□食《た》べ物《もの》が（**すえる**）臭《にお》い。

126 □
そらぞらしい
空々しい
うそとわかっている。しらじらしい。

127 □
ありうる
有り得る
あってもおかしくない。

128 □
にっか
日課
毎日《まいにち》決《き》まってする仕事《しごと》。

129 □
じりき
自力
自分《じぶん》だけの力《ちから》。

130 □
かんしょう
干渉
必要《ひつよう》以上《いじょう》に相手《あいて》に入《はい》り込《こ》んでいくこと。

□（**そらぞらしい**）うそをついてもすぐわかる。

□犬《いぬ》の散歩《さんぽ》が私《わたし》の（**にっか**）です。

□勉強《べんきょう》を最後《さいご》まで（**じりき**）でやりとげた。

□あまり（**かんしょう**）しないでほしい。

□大逆転《だいぎゃくてん》も（**ありうる**）。

ことば / いみ

131 □ **たまりかねる**

我慢《がまん》できなくなる。

132 □ **ゆうこう**《有効》

役《やく》に立《た》つようす。

133 □ **くちがおもい**《口が重い》

あまり話《はな》さない。

134 □ **たじろぐ**

びっくりしたりして動《うご》けなくなる。

135 □ **よそおう**《装う》

ふりをする。

使い方

（　）の中に当てはまることばを入れよう！

□ 病気《びょうき》を（**よそおう**）。

□ あまりの暑《あつ》さに（**たまりかねる**）。

□ 休《やす》みの日《ひ》を（**ゆうこう**）にすごす。

□ 相手《あいて》のはくりょくに（**たじろぐ**）。

□ その件《けん》になると（**くちがおもく**）なる。

136 □

しょうてん

焦点

重要《じゅうよう》なところ。

137 □

しんきょう

心境

気持《きも》ち。

138 □

いまいましい

ふゆかいな。

139 □

ひとづて

人《ひと》づて

直接《ちょくせつ》ではなく、人《ひと》を間《あいだ》にはさんで。

140 □

あいついで

相次《あいつ》いで

つぎつぎに。

□ 今《いま》の(しんきょう)を話《はな》して下《くだ》さい。

□ 話《はな》し合《あ》いの(しょうてん)をしぼりましょう。

□ (いまいましい)できごとだ。

□ 事件《じけん》が(あいついで)起《お》こった。

□ それは(ひとづて)に聞《き》いた話《はなし》にすぎない。

ことば

141 □ たわむれる（戯れる）

いみ

じゃれる。遊《あそ》ぶ。

142 □ あえぐ

苦《くる》しむ。

143 □ まじまじ

じっと見《み》るようす。

144 □ すどおり（素通り）

立《た》ち寄《よ》らず通《とお》り過《す》ぎること。

145 □ ゆだねる

まかせる。

使い方

（　）の中に当てはまることばを入れよう！

□ 一日中《いちにちじゅう》、犬《いぬ》と（**たわむれる**）。

□ 母《はは》の顔《かお》を（**まじまじ**）と見《み》つめる。

□ 友《とも》の家《いえ》の前《まえ》を（**すどおり**）した。

□ 急《きゅう》な坂《さか》に（**あえぐ**）。

□ 問題《もんだい》の解決《かいけつ》を先生《せんせい》に（**ゆだねる**）。

146 □ じりつ
自立
人《ひと》にたよらないこと。

147 □ みるからに
見るからに
ちょっと見《み》ただけで。

148 □ ぬれぎぬ
濡れ衣
悪《わる》いことをしていないのに、したように言《い》われること。

149 □ できばえ
出来栄え
できあがったときのようす。

150 □ さんぜん
さん然
きらきらと光《ひか》りかがやくようす。

□ いつか（**じりつ**）して働《はたら》くのだ。
□ トロフィーが（**さんぜん**）とかがやく。
□ 絵《え》の（**できばえ**）はひじょうに良《よ》い。
□（**みるからに**）おいしそうな肉《にく》だ。
□ 事件《じけん》の（**ぬれぎぬ**）を着《き》せられる。

ことば / いみ

151 □ **たんねん** 丹念

心《こころ》をこめてていねいにするようす。

152 □ **ようぎ** 容疑

悪《わる》いことをしたうたがい。

153 □ **ちょっこう** 直行

より道《みち》をしないで直接行《ちょくせつい》くこと。

154 □ **てきめん**

効果《こうか》がすぐにあらわれること。

155 □ **はんてい** 判定

よく見《み》わけて決《き》めること。

使い方

（　）の中に当てはまることばを入れよう！

□試合《しあい》の（**はんてい**）をくだす。

□母《はは》をみまいに、病院《びょういん》へ（**ちょっこう**）した。

□強盗《ごうとう》の（**ようぎ**）でつかまる。

□この薬《くすり》は（**てきめん**）にききますよ。

□くつを（**たんねん**）にみがく。

156 □
ひまし
日増しに

だんだんと。

157 □
みおぼえ
見覚え

前《まえ》に見《み》て知《し》っていること。

158 □
すいじゃく
衰弱

弱《よわ》くなること。

159 □
すごむ

相手《あいて》がこわがるようなことを言《い》う。

160 □
そねむ

うらやましがって、くやしがる。

□その顔《かお》には（**みおぼえ**）がありません。

□病気《びょうき》のためにからだが（**すいじゃく**）する。

□人《ひと》の幸《しあわ》せを（**そねむ**）。

□（**ひましに**）暑《あつ》くなりますね。

□頭《あたま》にきて、相手《あいて》に（**すごむ**）。

ことば / いみ

161 □ そばだてる
じっと聞《き》くようす。

162 □ だんげん《断言》
はっきり言《い》うこと。

163 □ ちゃくじつ《着実》
きっちりと。

164 □ みちびく《導く》
案内《あんない》する。

165 □ ほうふ《抱負》
やりたいことや計画《けいかく》。

使い方　（　）の中に当てはまることばを入れよう！

□ 客《きゃく》を会場《かいじょう》へ（みちびく）。

□ 必《かなら》ず勝《か》つと（だんげん）する。

□ 耳《みみ》を（そばだてる）。

□ （ちゃくじつ）に仕事《しごと》が進《すす》む。

□ 今年《ことし》の（ほうふ）を述《の》べて下《くだ》さい。

166 □
とっぴ
たいへん変《か》わっているようす。

167 □
ゆしゅつ 輸出
自分《じぶん》の国《くに》でできたものを外国《がいこく》へ売《う》る。

168 □
こうれい 恒例
その時期《じき》になると決《き》まって行《おこな》われること。

169 □
きりょく 気力
やる気《き》。

170 □
たち
生《う》まれつきの性格《せいかく》。

□毎年《まいとし》(こうれい)のビンゴ大会《たいかい》。

□米《こめ》を(ゆしゅつ)する。

□ぼくはあきらめやすい(たち)なのだ。

□(きりょく)で最後《さいご》まで走《はし》った。

□(とっぴ)な服装《ふくそう》ですね。

ことば

いみ

171 □
つかのま
つかの間

いっしゅん。ほんの少《すこ》しの間《あいだ》。

172 □
ひたす
浸す

水《みず》などの中《なか》につける。

173 □
あくりょく
握力

物《もの》をにぎりしめる力《ちから》。

174 □
はしたない

おこないがきれいではない。

175 □
しふく
私服

制服《せいふく》でないふつうの服《ふく》。

使い方

（　）の中に当てはまることばを入れよう！

□ お金《かね》の話《はなし》ばかりするのは（**はしたない**）。

□ 川《かわ》に足《あし》を（**ひたす**）。

□ 中学校《ちゅうがっこう》までは（**しふく**）です。

□ （**つかのま**）のできごとでした。

□ 僕《ぼく》の（**あくりょく**）は三十《さんじゅう》ぐらいだ。

176

かねる

兼ねる

ひとりの人《ひと》がいくつものはたらきをする。

177

ささい

ちっぽけなようす。

178

ふぞろい

不ぞろい

そろっていないこと。

179

ほそく

補足

足《た》りないところをつけ加《くわ》えること。

180

しかめる

苦《くる》しそうな表情《ひょうじょう》をする。

- □（ささい）なことからけんかが始《はじ》まった。
- □かんとくとキャッチャーを（かねる）。
- □説明《せつめい》を（ほそく）します。
- □（ふぞろい）のりんご。
- □歯《は》が痛《いた》くて思《おも》わず顔《かお》を（しかめる）。

ことば

181 □ **てぎわ** 手際

182 □ **りせい** 理性

183 □ **たがいちがい** 互い違い

184 □ **だんどり** 段取り

185 □ **あわい** 淡い

いみ

181 仕事《しごと》のやり方《かた》。

182 ものごとをきちんと考《かんが》えるはたらき。

183 二《ふた》つのものが順番《じゅんばん》に。

184 順序《じゅんじょ》や進《すす》め方《かた》。

185 うすく、ぼんやりしていてはっきりしない。

使い方

（　）の中に当てはまることばを入れよう！

□ 大掃除《おおそうじ》の（**だんどり**）を決《き》める。

□ 母《はは》が（**てぎわ**）よくカレーを作《つく》った。

□ 怒《いか》りのあまり（**りせい**）をうしなう。

□ 青《あお》と赤《あか》が（**たがいちがい**）に光《ひか》る。

□ （**あわい**）色《いろ》のセーター。

186 □
せつない《切ない》
さびしくつらい気《き》持《も》ち。

187 □
しんにゅう《侵入》
むりやり入《はい》りこむこと。

188 □
たどたどしい
ふらふらしている。

189 □
だいそれた《大それた》
自分《じぶん》の力《ちから》をこえた。とんでもない。

190 □
くわだてる《企てる》
計画《けいかく》する。

□ なんと（**だいそれた**）考《かんが》えだ。
□ （**たどたどしい**）足《あし》どりで歩《ある》く。
□ 死《し》んだ犬《いぬ》を思《おも》うと（**せつない**）。
□ どろぼうが（**しんにゅう**）した。
□ 銀行強盗《ぎんこうごうとう》を（**くわだてる**）。

ことば

191 □ ささやか

いみ：小《ちい》さいようす。

192 □ しにものぐるい《死にもの狂い》

いみ：力《ちから》を出《だ》し切《き》って夢中《むちゅう》でするようす。

193 □ がいけん《外見》

いみ：外《そと》から見《み》たようす。

194 □ もぬけのから

いみ：人《ひと》が抜《ぬ》け出《だ》して空《から》っぽになった状態《じょうたい》。

195 □ わずらう《患う》

いみ：病気《びょうき》にかかる。

使い方　（　）の中に当てはまることばを入れよう！

□（**ささやか**）なパーティーを開《ひら》く。

□家《いえ》の中《なか》は（**もぬけのから**）だった。

□（**しにものぐるい**）で逃《に》げる。

□人《ひと》は（**がいけん**）だけではわからない。

□食《た》べすぎで胃《い》を（**わずらう**）。

196

はちあわせ

鉢合わせ

ばったり出会《であ》うこと。

197

くつがえす

覆す

ひっくりかえす。

198

りんじ

臨時

ふだんはないが、必要《ひつよう》なときに行《おこな》うこと。

199

しんねん

信念

自分《じぶん》が正《ただ》しいと信《しん》じている考《かんが》え。

200

まちかねる

待ち兼ねる

長《なが》い間《あいだ》待《ま》ってがまんできなくなる。

□ろうかで先生《せんせい》と（**はちあわせ**）した。

□波《なみ》が船《ふね》を（**くつがえす**）。

□（**りんじ**）ニュースです。

□母《はは》の帰《かえ》りを（**まちかねる**）。

□かれは（**しんねん**）をもって行動《こうどう》している。

ことば / いみ

201 □ まどう　惑う
どうしたらよいかわからなくなる。

202 □ あとあじ　後味
物事《ものごと》のあとに残《のこ》る感《かん》じ。

203 □ やむをえない　やむを得ない
しかたがない。

204 □ しむける　仕向ける
そうさせるようにする。

205 □ ひいでる　秀でる
他《ほか》の人《ひと》よりよくできる。

使い方
（　）の中に当てはまることばを入れよう！

- □ 自分《じぶん》に賛成《さんせい》してくれるように（**しむける**）。
- □ ピアノの演奏《えんそう》に（**ひいでる**）。
- □ 大雨《おおあめ》なので中止《ちゅうし》は（**やむをえない**）。
- □ どちらへ進《すす》もうかと（**まどう**）。
- □ （**あとあじ**）が悪《わる》い試合《しあい》だ。

206 □ さしひき 差し引き

引《ひ》いた残《のこ》りの数《かず》。

207 □ きょうせいてき 強制的

無理《むり》にさせるようす。

208 □ まれ

めったにないようす。

209 □ しりぞく 退く

やめる。

210 □ むじゅん 矛盾

理屈《りくつ》が合《あ》わないこと。

□ (きょうせいてき)に働《はたら》かされる。

□ ぼくが早《はや》く寝《ね》るのは(まれ)なことだ。

□ 六十歳《ろくじっさい》で、父《ちち》は会社《かいしゃ》を(しりぞく)。

□ 百円出《ひゃくえんだ》したら、(さしひき)二十円残《にじゅうえんのこ》った。

□ 君《きみ》の言《い》うことは(むじゅん)している。

ことば	いみ
211 □ こうりつ（公立）	国《くに》や県《けん》や市《し》が行《おこな》っていること。
212 □ ばくぜん（漠然）	はっきりとしないようす。
213 □ ざわめく	ざわざわと声《こえ》や音《おと》がする。
214 □ そまつ（粗末）	つくりがあらいようす。
215 □ ともなう（伴う）	連《つ》れて来《く》る。同時《どうじ》に起《お》こる。

使い方　（　）の中に当てはまることばを入れよう！

□ 楽《たの》しみが苦《くる》しみを（**ともなう**）こともある。

□ （**そまつ**）な服《ふく》。

□ おおぜいの客《きゃく》が、（**ざわめく**）。

□ （**ばくぜん**）とした説明《せつめい》。

□ （**こうりつ**）の大学《だいがく》を卒業《そつぎょう》する。

216 □
つけあがる
付け上がる
調子《ちょうし》に乗《の》る。

217 □
どうどうめぐり
堂々巡り
くり返《かえ》されるばかりで少《すこ》しも進《すす》まないこと。

218 □
いさかい
言《い》いあらそい。

219 □
ひってき
匹敵
同《おな》じくらいの力《ちから》があること。

220 □
あしをひっぱる
足を引っ張る
ほかの人《ひと》のやっていることのじゃまをする。

□チーム全体《ぜんたい》の（**あしをひっぱる**）。

□仲間《なかま》の間《あいだ》で（**いさかい**）が起《お》こる。

□話《はなし》が（**どうどうめぐり**）しています。

□彼《かれ》に（**ひってき**）する天才《てんさい》はいない。

□ほめるとすぐに（**つけあがる**）。

ことば / いみ

221 □ **てこずる**
扱《あつか》いに困《こま》る。

222 □ **いっこう**《一行》
いっしょに行動《こうどう》しているなかま。

223 □ **だんじて**《断じて》
ぜったいに。

224 □ **たんぱく**《淡白》
あっさりしているようす。

225 □ **みずしらず**《見ず知らず》
これまで会《あ》ったことがない。

使い方　（　）の中に当てはまることばを入れよう！

□このスープ、（**たんぱく**）すぎますね。

□（**みずしらず**）の人《ひと》から親《しん》切《せつ》にされた。

□妹《いもうと》が泣《な》きやまず、（**てこずる**）。

□（**だんじて**）ゆるさない。

□（**いっこう**）が到着《とうちゃく》したよ。

基礎編

226 □
おじけづく
おじ気づく
こわがってびくびくする。

227 □
きずな
人《ひと》と人《ひと》との強《つよ》いつながり。

228 □
とまどう
どうしてよいかわからず困《こま》る。

229 □
いっさい
一切
ぜんぜん。まったく。

230 □
にたりよったり
似たり寄ったり
たいした違《ちが》いのないこと。

□ 僕《ぼく》らの成績《せいせき》は（**にたりよったり**）だ。

□ 海外《かいがい》で言葉《ことば》が通《つう》じず（**とまどう**）。

□ 親子《おやこ》の（**きずな**）。

□ ぼくは（**いっさい**）知《し》りません。

□ ゆうれいの姿《すがた》に（**おじけづく**）。

ことば

231 □
つづけざま（続《つづ》け様《ざま》）

いみ
次々《つぎつぎ》と。

232 □
いわば

たとえて言《い》うと。

233 □
くるしまぎれ（苦《くる》し紛《まぎ》れ）

あまりに苦《くる》しいためにすること。

234 □
けんそん

相手《あいて》を上《うえ》に見《み》て、ひかえめにすること。

235 □
しのぐ

がまんする。

使い方
（　）の中に当てはまることばを入れよう！

□ 火事《かじ》が（つづけざま）に起《お》こった。

□ （くるしまぎれ）にうそを言《い》う。

□ 戦争《せんそう》は、（いわば）国《くに》と国《くに》とのけんかだ。

□ 革《かわ》のコートで寒《さむ》さを（しのぐ）。

□ （けんそん）した話《はな》し方《かた》をする。

236 □

こごと

小言《こごと》

細《こま》かく注意《ちゅうい》すること。

237 □

てまねき

手招《てまね》き

手《て》をふってこちらへ来《く》るように呼《よ》ぶこと。

238 □

てあたりしだい

手当《てあ》たり次第《しだい》

なんでもかんでも。

239 □

こうりゅう

交流《こうりゅう》

たがいに関《かか》わり合《あ》うこと。

240 □

かげん

加減《かげん》

ちょうどよくすること。

□ ネコが（**てまねき**）している ぞ！

□ おかしを（**てあたりしだい**）に食《た》べる。

□ スピードを（**かげん**）する。

□ 帰《かえ》りが遅《おそ》かったので、父《ちち》に（**こごと**）を言《い》われた。

□ 学校《がっこう》どうしの（**こうりゅう**）を深《ふか》める。

ことば

241 □ **へだたり**　隔たり

242 □ **せいし**　静止

243 □ **たいざい**　滞在

244 □ **ろうりょく**　労力

245 □ **ひけらかす**

いみ

241 はなれていること。

242 止《と》まっていて動《うご》かないこと。

243 よその土地《とち》にとどまること。

244 そのことに必要《ひつよう》なはたらき。

245 見《み》せびらかす。

使い方　（　）の中に当てはまることばを入れよう！

□ 知識《ちしき》を（**ひけらかす**）な。

□ 画面《がめん》が（**せいし**）している。

□ まだまだ力《ちから》に（**へだたり**）がある。

□ 時間《じかん》と（**ろうりょく**）がかかる仕事《しごと》ですね。

□ いなかに十日間《とおかかん》ほど（**たいざい**）する。

246 □
あっけにとられる
思《おも》いがけなくて、あきれてぼんやりする。

247 □
うわのそら
上の空
何《なに》かに気《き》をとられて、ぼんやりしているようす。

248 □
ありありと
はっきりと。

249 □
あらさがし
悪《わる》いところをさがし出《だ》すこと。

250 □
うってつけ
ちょうどいい。ぴったりだ。

□赤《あか》ちゃんのころを(**ありありと**)思《おも》い出《だ》す。

□(**あっけにとられる**)ようなお話《はなし》だ。

□ぼくの(**あらさがし**)ばかりしないでよ。

□彼《かれ》はキャッチャーに(**うってつけ**)だ。

□弟《おとうと》は何《なに》を言《い》っても(**うわのそら**)だ。

ことば

251 □
ことなる
異なる

252 □
こころあたり
心当たり

253 □
うっそう

254 □
ごぼうぬき
ごぼう抜き

255 □
なみなみ

いみ

251 ちがう。

252 思《おも》いあたること。

253 草《くさ》や木《き》がたくさんはえているようす。

254 つぎつぎに追《お》い抜《ぬ》くこと。

255 あふれてこぼれそうなようす。

使い方

（　）の中に当てはまることばを入れよう！

□ 性格《せいかく》が（**ことなる**）兄弟《きょうだい》。

□ 五人《ごにん》を（**ごぼうぬき**）にした。

□ ジュースを（**なみなみ**）とつぐ。

□ 言《い》われたことに（**こころあたり**）がない。

□ （**うっそう**）としげった森《もり》。

256 □
しょくあたり
食《しょく》あたり

悪《わる》くなったものを食《た》べておなかをこわしたりすること。

257 □
あおぐ
仰《あお》ぐ

上《うえ》を向《む》く。

258 □
げんじょう
現状《げんじょう》

今《いま》のようす。

259 □
そっせん
率先《そっせん》

進《すす》んで物《もの》ごとをすること。

260 □
うららか

よく晴《は》れて、明《あか》るくのどかなようす。

□ 大空《おおぞら》を（あおぐ）。

□ （うららか）な春《はる》の日《ひ》ですね。

□ 夏《なつ》は、（しょくあたり）に気《き》をつけよう。

□ （そっせん）して家《いえ》のそうじをする。

□ この国《くに》の（げんじょう）を報告《ほうこく》する。

ことば

261 □
かたをもつ
肩を持つ

いみ
味方《みかた》になる。

262 □
しんしん
心身

いみ
心《こころ》と体《からだ》。

263 □
ようけん
用件

いみ
用事《ようじ》。

264 □
ひたむき

いみ
いっしょうけんめいにするようす。

265 □
ぶんたん
分担

いみ
全体《ぜんたい》をいくつかの役割《やくわり》にわけること。

使い方
（　）の中に当てはまることばを入れよう！

□ 仕事《しごと》の（**ぶんたん**）を決《き》める。

□ 母《はは》はいつも弟《おとうと》の（**かたをもつ**）。

□ なんの（**ようけん**）でしょうか。

□ 彼女《かのじょ》の（**ひたむき**）さには感動《かんどう》した。

□ （**しんしん**）ともに健康《けんこう》でいよう。

266 □
ずぼし
図星
ぴったり当《あ》たっていること。

267 □
さもなければ
そうでなければ。

268 □
うやまう
敬う
えらいと思《おも》うこと。

269 □
うらはら
裏腹
逆《ぎゃく》。

270 □
ひょうさつ
表札
門《もん》やげんかんにかけておく名札《なふだ》。

□ （**ずぼし**）をつかれてはっとする。

□ 私《わたし》か、（**さもなければ**）姉《あね》がまいります。

□ 予想《よそう》と（**うらはら**）な結果《けっか》になった。

□ 先生《せんせい》を（**うやまう**）。

□ （**ひょうさつ**）が古《ふる》くて読《よ》めない。

ことば

271 □ はばむ（阻《はば》む）

いみ

じゃまをする。

272 □ きこえよがし（聞《き》こえよがし）

わざと聞《き》こえるように話《はな》すこと。

273 □ そうとう（相当《そうとう》）

同《おな》じであること。

274 □ ゆくゆくは（行《ゆ》く行《ゆ》くは）

やがては。

275 □ もうしぶんない（申《もう》し分《ぶん》ない）

悪《わる》いところがない。

使い方

（　）の中に当てはまることばを入れよう！

□（**ゆくゆくは**）医者《いしゃ》になるつもりです。

□ 大学生《だいがくせい》に（**そうとう**）する学力《がくりょく》だ。

□ 恐《おそ》ろしい怪物《かいぶつ》が行《ゆ》く手《て》を（**はばむ**）。

□ この舟《ふね》のできばえは（**もうしぶんない**）。

□（**きこえよがし**）に悪口《わるぐち》を言《い》う。

276 □
おもいすごし
思《おも》い過《す》ごし
よけいなことまで考《かんが》えすぎること。

277 □
あしどり
足取《あしど》り
歩《ある》くときの足《あし》の運《はこ》び方《かた》。

278 □
てんせい
天性《てんせい》
生《う》まれつき持《も》っている性質《せいしつ》。

279 □
しぶる
渋《しぶ》る
気《き》が進《すす》まず、いやがる。

280 □
ぬくもり
あたたかみ。

□ 春《はる》の（**ぬくもり**）を感《かん》じる。
□ 今日《きょう》はなんだか楽《たの》しくて（**あしどり**）が軽《かる》い。
□ 宿題《しゅくだい》をやるのを（**しぶる**）。
□ それはきみの（**おもいすごし**）だ。
□ 彼《かれ》の才能《さいのう》は（**てんせい**）のものだ。

ことば / いみ

281 □ **わるぎ**（悪気）
悪《わる》い考《かんが》え。

282 □ **ちせい**（知性）
ものごとをよく知《し》っていて、頭《あたま》がいいこと。

283 □ **かたのにがおりる**（肩の荷が下りる）
気《き》になることがなくなってほっとする。

284 □ **ちゅうちょ**
ぐずぐずと迷《まよ》うこと。

285 □ **あるじ**（主）
中心《ちゅうしん》になる人《ひと》。

使い方

（　）の中に当てはまることばを入れよう！

- □（**ちせい**）があふれる人《ひと》。
- □やっと（**かたのにがおりる**）。
- □父《ちち》は一家《いっか》の（**あるじ**）だ。
- □（**わるぎ**）があってしたことではありません。
- □先《さき》に進《すす》もうかどうか（**ちゅうちょ**）した。

286 □
あけわたす
明《あ》け渡《わた》す

自分《じぶん》の家《いえ》や土地《とち》などを人《ひと》にわたす。

287 □
ふへい
不平

満足《まんぞく》しないこと。

288 □
そうてい
想定

もしそうなったら、と考《かんが》えること。

289 □
せいじつ
誠実

まじめで心《こころ》のこもっていること。

290 □
ねんし
年始

年《とし》のはじめ。

□ （**ねんし**）のあいさつに行《い》く。

□ 家《いえ》を他人《たにん》に（**あけわたす**）。

□ 火事《かじ》を（**そうてい**）して訓《くん》練《れん》が行《おこな》われた。

□ 小林君《こばやしくん》は（**せいじつ**）な人《ひと》だ。

□ （**ふへい**）ばかり言《い》う。

ことば

291 □ **たびたび**《度々》

いみ いつも。なんどもなんども。

292 □ **しりごみ**

いみ はずかしがって、やろうとしないこと。

293 □ **つじつま**《辻つま》

いみ 物《もの》ごとの流《なが》れ。

294 □ **きんとう**《均等》

いみ 大《おお》きさや量《りょう》が、みな同《おな》じであること。

295 □ **かっき**《活気》

いみ 元気《げんき》でにぎやかなこと。

使い方 （　）の中に当てはまることばを入れよう！

□ （**たびたび**）おせわになっています。

□ 話《はなし》の（**つじつま**）を合《あ》わせる。

□ （**かっき**）にあふれた百円《ひゃくえん》ショップだ。

□ みんな（**しりごみ**）して歌《うた》おうとしない。

□ すいかを三人《さんにん》で（**きんとう**）に分《わ》けた。

基礎編

296 □
ほがらか
朗《ほが》らか
明《あか》るく元気《げんき》なようす。

297 □
みばえ
見栄《みば》え
外《そと》から見《み》たようす。

298 □
べんご
弁護《べんご》
かばうこと。

299 □
けいはく
軽薄《けいはく》
考《かんが》えが浅《あさ》く、ふまじめなこと。

300 □
きしつ
気質《きしつ》
生《う》まれつきの性質《せいしつ》。

□ 彼《かれ》の（べんご）を引《ひ》き受《う》けます。

□ （みばえ）のよい制服《せいふく》。

□ （けいはく）な態度《たいど》に腹《はら》を立てる。

□ 彼《かれ》は優《やさ》しい（きしつ）の持《も》ち主《ぬし》だ。

□ （ほがらか）な少年《しょうねん》だ。

ことば

301 むこうみず
向《こ》う見《ず》

302 いいがかり
言《い》い《が》が《か》か《り》り

303 だせい
惰性

304 ひらきなおる
開《き》き直《る》る

305 うけうり
受《け》け売《り》り

いみ

301 あとのことを考《かんが》えずにやってしまうこと。

302 理屈《りくつ》が合《あ》わない文句《もんく》。

303 あまった勢《いきお》い。

304 急《きゅう》に態度《たいど》を変《か》えて、えらそうにする。

305 ほかの人《ひと》の考《かんが》えや意見《いけん》を自《じ》分《ぶん》の知識《ちしき》のように言《い》うこと。

使い方　（　）の中に当てはまることばを入れよう！

□ 君《きみ》が言《い》ってることはただの（**いいがかり**）だ。

□ （**だせい**）で走《はし》る。

□ 怒《おこ》られていた人《ひと》が、急《きゅう》に（**ひらきなおる**）。

□ ここから飛《と》び込《こ》むなんて、（**むこうみず**）だ。

□ これはテレビ番組《ばんぐみ》の（**うけうり**）です。

基礎編

306 □
たしなめる
悪《わる》いところを直《なお》すように注意《ちゅうい》する。

307 □
どうこう
同行
いっしょについて来《く》ること。

308 □
あれよあれよ
おどろいているようす。

309 □
あたまがあがらない
頭が上がらない
対等《たいとう》に付《つ》き合《あ》えない。かなわない。

310 □
きょぜつ
拒絶
強《つよ》くことわること。

□（**あれよあれよ**）という間《ま》に消《き》えてしまった。

□いくら誘《さそ》われても（**きょぜつ**）します。

□家《いえ》までおまわりさんが（**どうこう**）する。

□わがままな妹《いもうと》を（**たしなめる**）。

□あの人《ひと》には（**あたまがあがらない**）。

ことば
いみ

311 □
ざつおん
雑音
よけいな音《おと》。

312 □
せきとめる
せき止める
大《おお》きな力《ちから》を止《と》める。

313 □
てみじか
手短
話《はなし》の進《すす》め方《かた》がかんたんなようす。

314 □
べんかい
弁解
言《い》いわけ。

315 □
じかく
自覚
自分《じぶん》の立場《たちば》や行《おこな》うべきことをはっきりと知《し》ること。

使い方

（　）の中に当てはまることばを入れよう！

□わけを（**てみじか**）に話《はな》してください。

□電話《でんわ》に（**ざつおん**）がはいる。

□川《かわ》の流《なが》れを（**せきとめる**）。

□いまさら（**べんかい**）しても遅《おそ》い。

□先輩《せんぱい》としての（**じかく**）を持《も》つ。

316 しぐさ

なにかをするときの動《うご》きや表情《ひょうじょう》。

317 したたる

しずくになってたれ落《お》ちる。

318 ざつよう 雑用

こまごまとした用事《ようじ》。

319 はくじょう 薄情

気持《きも》ちが冷《つめ》たいこと。

320 けなげ

弱《よわ》く小《ちい》さいのにがんばっているようす。

□ (ざつよう)をかたづけましょう。

□ 汗《あせ》が(したたる)。

□ おかしな(しぐさ)で笑《わら》わせる。

□ なんて(はくじょう)な人《ひと》だ。

□ 家《いえ》のため、(けなげ)に働《はたら》く。

ことば

321 □ **こうひょう** 公表

いみ 世《よ》の中《なか》に広《ひろ》く知《し》らせること。

322 □ **ぶなん** 無難

いみ 危《あぶ》なげないこと。

323 □ **あらかじめ**

いみ 前《まえ》もって。

324 □ **つききり** 付ききり

いみ いつもそばにいること。

325 □ **せっぱつまる**

いみ おいつめられる。

使い方 （　）の中に当てはまることばを入れよう！

□ 返事《へんじ》を（**あらかじめ**）考《かんが》えておく。

□ それは（**ぶなん**）な答《こた》えだね。

□ 本当《ほんとう》の名前《なまえ》を（**こうひょう**）する。

□ 父《ちち》に（**つききり**）で看病《かんびょう》する。

□ お金《かね》がなくなり（**せっぱつまる**）。

326 □
たんき
短期

短《みじか》い間《あいだ》。

327 □
うりふたつ
うり二つ

そっくり。ほとんど同《おな》じ。

328 □
おいたち
生い立ち

それまでどのように生《い》きてきたかということ。

329 □
ふてくされる

不満《ふまん》な気持《きも》ちを表《あら》わすこと。

330 □
いちもくさんに
一目散に

いっしょうけんめいに走《はし》るようす。

□（**たんき**）で力《ちから》をつける。

□（**おいたち**）を話《はな》してください。

□どろぼうは（**いちもくさんに**）にげ出《だ》した。

□あの兄弟《きょうだい》は（**うりふたつ**）だ。

□すぐに（**ふてくされる**）のはよくないよ。

ことば

331 □
ちめいてき
致命的《ちめいてき》

332 □
ぼっとう
没頭《ぼっとう》

333 □
あらいざらい
洗《あら》いざらい

334 □
ほうふ
豊富《ほうふ》

335 □
ぼうはん
防犯《ぼうはん》

いみ

331 たいへん悪《わる》い結果《けっか》につながること。

332 一《ひと》つのことに夢中《むちゅう》になること。

333 すべて隠《かく》すことなく。

334 いっぱいあること。

335 犯罪《はんざい》が起《お》こらないようにすること。

使い方
（　）の中に当てはまることばを入れよう！

□時間《じかん》を忘《わす》れてゲームに（**ぼっとう**）した。

□今週《こんしゅう》は、（**ぼうはん**）週間《しゅうかん》です。

□（**ちめいてき**）な失敗《しっぱい》をする。

□（**あらいざらい**）打《う》ち明《あ》けなさい。

□（**ほうふ**）なたくわえがあります。

336 □
つけいる
付け入る
チャンスをうまく利用《りよう》する。

337 □
すたれる
はやらなくなる。

338 □
じょうじゅん
上旬
月《つき》のはじめの十《とお》日《か》間《かん》。

339 □
おとり
人《ひと》を誘《さそ》いよせるために使《つか》う物《もの》や人《ひと》。

340 □
しらじらしい
白々しい
すぐにうそだとわかること。

□二月《にがつ》（**じょうじゅん**）にいとこが来《く》るよ。

□つかまえた仲間《なかま》を（**おとり**）にして敵《てき》をさそう。

□（**しらじらしい**）うそをつくな。

□（**つけいる**）すきがない。

□この流行《りゅうこう》もいずれ（**すたれる**）でしょう。

ことば / いみ

341 □
ほのか

ほんのわずか。かすか。

342 □
ふがいない

みっともない。

343 □
いちじるしい
著しい

はっきりとめだっているようす。

344 □
いびつ

形《かたち》がゆがんでいること。

345 □
しりめ
しり目

まったく気《き》にしないようす。

使い方 （　）の中に当てはまることばを入れよう！

□ 人込《ひとご》みを（**しりめ**）に立《た》ち去《さ》る。

□ （**ふがいない**）負《ま》け方《かた》だ。

□ （**いちじるしく**）身長《しんちょう》がのびる。

□ （**ほのか**）な明《あ》かりが見《み》える。

□ （**いびつ**）なケーキだなあ。

346 □
ののしる

激《はげ》しくせめる。

347 □
つくづく

じっくり。

348 □
ちゅうじつ
忠実

まじめにしたがうようす。

349 □
こうてん
好転

よいほうにかわること。

350 □
あいづちをうつ
相づちを打つ

人《ひと》の話《はなし》に調子《ちょうし》を合《あ》わせ、返事《へんじ》をする。

□お客《きゃく》さんの話《はなし》に（**あいづちをうつ**）。

□失敗《しっぱい》した人《ひと》を（**ののしる**）。

□父《ちち》の教《おし》えを（**ちゅうじつ**）に守《まも》る。

□最悪《さいあく》だった調子《ちょうし》が（**こうてん**）する。

□犬《いぬ》の顔《かお》を（**つくづく**）見《み》つめる。

ことば

351 □ ぼうえき　貿易

352 □ しゅうせい　修正

353 □ うたがわしい　疑わしい

354 □ げんに　現に

355 □ かだい　課題

いみ

351 外国《がいこく》と品物《しなもの》の売《う》り買《か》いをすること。

352 正《ただ》しくなおすこと。

353 あやしい。

354 本当《ほんとう》に。実際《じっさい》に。

355 やらなければいけないこと。

使い方

（　）の中に当てはまることばを入れよう！

□ この夏《なつ》の（**かだい**）は、漢字《かんじ》の暗記《あんき》だ。

□ （**うたがわしい**）話《はなし》だ。

□ 間違《まちが》いを（**しゅうせい**）する。

□ （**ぼうえき**）がさかんな国《くに》。

□ それは（**げんに**）ぼくが見《み》てきた話《はなし》だ。

356 □
あたかも
まるで。

357 □
たんしょ
短所
よくないところ。欠点《けってん》。

358 □
けっぱく
潔白
少《すこ》しも悪《わる》いことをしていないこと。

359 □
あがめる
えらいと思《おも》い、尊敬《そんけい》すること。

360 □
こじれる
複雑《ふくざつ》になって、うまく進《すす》まなくなる。

□ 身《み》の（**けっぱく**）を明《あき》らかにする。

□ ぼくの（**たんしょ**）はあきっぽいところだ。

□ 神様《かみさま》を（**あがめる**）。

□ 話《はなし》が（**こじれる**）。

□ （**あたかも**）本当《ほんとう》のことのように話《はな》す。

ことば

361 □ りょうしん《良心》

362 □ ありのまま

363 □ かけもち《掛け持ち》

364 □ たいはん《大半》

365 □ よしあし《良し悪し》

いみ

361 よいことや正《ただ》しいことをしようとする気《き》持《も》ち。

362 そのまま。

363 二《ふた》つ以上《いじょう》のことを一人《ひとり》で行《おこな》うこと。

364 ほとんど。

365 よいか悪《わる》いかということ。

使い方

（　）の中に当てはまることばを入れよう！

□ （りょうしん）を持《も》って行《こう》動《どう》しよう。

□ 二《ふた》つのクラスを（かけもち）で教《おし》える。

□ 選手《せんしゅ》の（よしあし）を見分《みわ》ける。

□ クラスの（たいはん）が欠《けっ》席《せき》した。

□ （ありのまま）に話《はな》す。

366 □
あいよう
愛用

好《この》んでよく使《つか》うこと。

367 □
なかたがい
仲たがい

仲《なか》が悪《わる》くなること。

368 □
うろおぼえ
うろ覚え

はっきり覚《おぼ》えていないこと。

369 □
そえる
添える

そばにつけたす。

370 □
てをやく
手を焼く

あつかいにこまる。

□ 赤《あか》んぼうの世話《せわ》に（**てをやく**）。

□ 兄弟《きょうだい》で（**なかたがい**）するな。

□ これは父《ちち》（**あいよう**）のパソコンだ。

□ 手紙《てがみ》に写真《しゃしん》を（**そえる**）。

□ 書《か》き順《じゅん》が（**うろおぼえ**）だ。

ことば

いみ

371 □
うちょうてん
有頂天
たいへん喜《よろこ》ぶようす。

372 □
ときふせる
説き伏せる
よく説明《せつめい》してわからせようとする。

373 □
まとはずれ
的外れ
大事《だいじ》な点《てん》からはずれていること。

374 □
とういつ
統一
ばらばらの物《もの》をまとめること。

375 □
だいざい
題材
材料《ざいりょう》になるもの。

使い方

（　）の中に当てはまることばを入れよう！

□ 意見《いけん》を（**とういつ**）しましょう。

□ 遠足《えんそく》を（**だいざい**）にして作文《さくぶん》を書《か》く。

□ その答《こた》えは（**まとはずれ**）だ。

□ 父《ちち》を（**ときふせる**）。

□ おもちゃを買《か》ってもらって（**うちょうてん**）になる。

376 □
だいいちいんしょう
第一印象

一番初《いちばんはじ》めに受《う》けた感《かん》じや思《おも》ったこと。

377 □
みくだす
見下す

ばかにする。

378 □
ぶっきらぼう

話《はな》し方《かた》や態度《たいど》にかざりがない。ぶあいそう。

379 □
ふかい
不快

気持《きも》ちよくないようす。

380 □
せんけつ
先決

先《さき》に決《き》めなければならないこと。

□ 父《ちち》は（**ぶっきらぼう**）だ。

□ 人《ひと》を（**みくだす**）のはよくない。

□ どうやって生《い》きていくかが（**せんけつ**）だ。

□ この季節《きせつ》は、雨《あめ》が多《おお》くて（**ふかい**）だ。

□ （**だいいちいんしょう**）でこの犬《いぬ》に決《き》めた。

ことば

いみ

381 □ **うしろめたい** 後ろめたい

罪《つみ》を感《かん》じること。

382 □ **さまたげる** 妨げる

じゃまをする。

383 □ **ひっきりなし**

とぎれることなく。

384 □ **しげしげ**

なんどもなんども。

385 □ **ぶあいそう** 無愛想

むっつりしていて、親《した》しげでない。

使い方

（　）の中に当てはまることばを入れよう！

□ 電車《でんしゃ》が（**ひっきりなし**）に通《とお》る。

□ 仲良《なかよ》しの友《とも》だちの家《いえ》に（**しげしげ**）と通《かよ》う。

□ 通行《つうこう》を（**さまたげる**）な。

□ （**ぶあいそう**）な店員《てんいん》だ。

□ 約束《やくそく》をやぶると（**うしろめたい**）気持《きも》ちになる。

386 □
きびきび
動《うご》きがするどく、元気《げんき》なようす。

387 □
きじゅん《基準》
物《もの》ごとのもとになるもの。

388 □
にゅうねん《入念》
注意深《ちゅういぶか》くていねいなようす。

389 □
みみより《耳寄り》
聞《き》く価値《かち》があること。

390 □
とりとめのない
まとまりがない。

□八時間《はちじかん》を睡眠時間《すいみんじかん》の（**きじゅん**）とする。

□（**とりとめのない**）話《はなし》が続《つづ》く。

□（**きびきび**）とした人《ひと》ですね。

□くつを（**にゅうねん**）にみがく。

□それは（**みみより**）な情報《じょうほう》だ。

ことば

391 □
ぎぞう《偽造》

いみ

本物《ほんもの》そっくりにつくること。

392 □
ずばぬけて《ずば抜けて》

いみ

特別《とくべつ》にすぐれて。

393 □
さっそう

いみ

かっこうがよく、気持《きも》ちのよいようす。

394 □
つつしむ《慎む》

いみ

やりすぎないように、気《き》をつける。

395 □
あわや

いみ

もう少《すこ》しで。あぶなく。

使い方

（　）の中に当てはまることばを入れよう！

□ 食《た》べすぎを（**つつしむ**）。

□ （**さっそう**）と歩《ある》く。

□ 今井《いまい》さんは（**ずばぬけて**）絵《え》がうまい。

□ これは（**ぎぞう**）された一万円札《いちまんえんさつ》だ。

□ （**あわや**）ホームランという当《あ》たり。

396 □

へりくつ

屁理屈

自分勝手《じぶんかって》な、まちがった理屈《りくつ》。

397 □

おっくう

めんどうな気持《きも》ち。

398 □

そざい

素材

もとになる材料《ざいりょう》。

399 □

ろうか

老化

年《とし》をとって、体《からだ》のはたらきが弱《よわ》まること。

400 □

ちゅうかい

仲介

両方《りょうほう》の間《あいだ》に入《はい》って話《はなし》をまとめたりすること。

□ 物忘《ものわす》れは（**ろうか**）現象《げんしょう》です。

□ 冬《ふゆ》は起《お》きるのが（**おっくう**）だ。

□ 商売《しょうばい》の（**ちゅうかい**）をする。

□ それはどう考《かんが》えても（**へりくつ**）だ。

□ このセーターの（**そざい**）は羊《ひつじ》の毛《け》だ。

ことば / いみ

401 □
ねんをおす
念を押す
何度《なんど》もたしかめる。

402 □
かみひとえ
紙一重
違《ちが》いがほんの少《すこ》しであること。

403 □
ひもじい
すごくおなかがすいているようす。

404 □
せっぱん
折半
半分《はんぶん》ずつに分《わ》けること。

405 □
しょうきょくてき
消極的
自分《じぶん》から進《すす》んで物《もの》ごとをしないようす。

使い方
（　）の中に当てはまることばを入れよう！

□（**ひもじい**）思《おも》いをする。

□二人《ふたり》の力《ちから》の差《さ》は（**かみひとえ**）だ。

□忘《わす》れ物《もの》がないか、（**ねんをおす**）。

□私《わたし》は（**しょうきょくてき**）な性格《せいかく》です。

□費用《ひよう》を二人《ふたり》で（**せっぱん**）する。

406 □ **ひるむ**

気持《きも》ちがくじけて元気《げんき》がなくなる。

407 □ **はらはちぶ**（腹八分）

おなかがいっぱいになる少《すこ》し前《まえ》で止《と》めておくこと。

408 □ **あとかたもなく**

まったくあとを残《のこ》さず。

409 □ **さずける**（授ける）

りっぱなものを与《あた》える。

410 □ **さほど**（さ程）

それほど。

□よごれが（**あとかたもなく**）消《き》えた。

□くんしょうを（**さずける**）。

□（**はらはちぶ**）を心《こころ》がけよう。

□テストは（**さほど**）むずかしくなかった。

□それぐらいの失敗《しっぱい》に（**ひるむ**）な。

ことば / いみ

411 □ **ひときわ**
特《とく》に。他《ほか》より目《め》立《だ》って。

412 □ **くすねる**
こっそりとって自分《じぶん》のものにする。

413 □ **つうち** 通知
知《し》らせること。

414 □ **あおむけ**
上《うえ》を向《む》いて寝《ね》ているようす。

415 □ **われながら** 我ながら
自分《じぶん》でやったことだけど。

使い方

（　）の中に当てはまることばを入れよう！

- □ 合格《ごうかく》の（**つうち**）を受《う》ける。
- □ （**われながら**）うまい作文《さくぶん》だなあ。
- □ 今日《きょう》の姉《あね》は（**ひときわ**）美《うつく》しい。
- □ お金《かね》を（**くすねる**）。
- □ （**あおむけ**）に寝《ね》てください。

416 □
しいる 強《し》いる
むりやりにさせる。

417 □
さとす
言《い》い聞《き》かせて、わからせる。

418 □
いちもくりょうぜん 一目瞭然《いちもくりょうぜん》
すぐにわかること。

419 □
とりかえし 取《と》り返《かえ》し
もとに戻《もど》すこと。

420 □
ほてる
顔《かお》やからだが熱《あつ》くなる。

□ 仕事《しごと》を(**しいる**)。

□ このまちがいは(**いちもくりょうぜん**)だ。

□ 先生《せんせい》が生徒《せいと》に(**さとす**)。

□ はずかしくて顔《かお》が(**ほてる**)。

□ (**とりかえし**)がつかなくなるぞ。

ことば

421 □
つくろう
繕う

422 □
つれない

423 □
しいたげる

424 □
ついきゅう
追及

425 □
おきざり
置き去り

いみ

421 やぶれたところをなおす。

422 思《おも》いやりがなく冷《つめ》たい。

423 いじめたり、苦《くる》しめたりする。

424 きびしく問《と》いつめること。

425 あとに残《のこ》されること。

使い方

（　）の中に当てはまることばを入れよう！

□ 犯人《はんにん》を（**ついきゅう**）する。

□ シャツを（**つくろう**）。

□ 弱《よわ》い者《もの》を（**しいたげる**）な。

□ みんなから（**おきざり**）にされる。

□ （**つれない**）態度《たいど》をとられる。

426 □
たびかさなる
度重なる

同《おな》じことが続《つづ》いて起《お》こる。

427 □
うろたえる

どうすればよいのかわからず、あわてる。

428 □
いささか

少《すこ》しだけ。

429 □
げんさく
原作

もとになっている作品《さくひん》。

430 □
やつれる

病気《びょうき》などでやせて、おとろえる。

□ 雷《かみなり》ぐらいで（**うろたえる**）な。

□ この仕事《しごと》は（**いささか**）疲《つか》れる。

□ 失敗《しっぱい》が、（**たびかさなる**）。

□ 疲《つか》れて顔《かお》が（**やつれる**）。

□ 映画《えいが》の（**げんさく**）は誰《だれ》の本《ほん》ですか？

ことば

431 □ **ひじょう** 非常

432 □ **かすむ**

433 □ **なじる**

434 □ **じゆうじざい** 自由自在

435 □ **だきょう** 妥協

いみ

431 事故《じこ》などが起《お》きたとき。

432 ぼんやりしてはっきり見《み》えない。

433 激《はげ》しく責《せ》める。

434 好《す》きなようにするようす。

435 それでがまんすること。

使い方 （　）の中に当てはまることばを入れよう！

□ このおもちゃで（**だきょう**）する。

□ （**ひじょう**）の場合《ばあい》はこのベルを鳴《な》らす。

□ 空《そら》を（**じゆうじざい**）にとびまわりたい。

□ 相手《あいて》の欠点《けってん》を（**なじる**）。

□ おなかが減《へ》って目《め》が（**かすむ**）。

436 □
足手まとい
あしでまとい

じゃま。みんなの迷惑《めいわく》になること。

437 □
控え目
ひかえめ

えんりょしているようす。

438 □
しこり

小《ちい》さなこぶや、はれもの。

439 □
川下
かわしも

川《かわ》の水《みず》が流《なが》れていくほう。

440 □
朽ちる
くちる

木《き》や草《くさ》などがくさる。

□ 反省《はんせい》して（**ひかえめ**）にふるまう。

□ 私《わたし》、（**あしでまとい**）なのかな？

□ 橋《はし》が古《ふる》くなり、（**くちる**）。

□ （**かわしも**）で舟《ふね》を待《ま》つ。

□ 背中《せなか》に（**しこり**）ができる。

ことば

441 □ 翻《ほん》訳《やく》

いみ

別《べつ》の国《くに》のことばになおすこと。

442 □ 悪《あく》用《よう》

悪《わる》い事《こと》に使《つか》うこと。

443 □ 思《おも》い思《おも》いに

それぞれが好《す》きなように。

444 □ まんべんなく

はしからはしまで残《のこ》るところなく。

445 □ あざける

ばかにして、悪口《わるぐち》を言《い》ったり笑《わら》ったりする。

使い方 （　）の中に当てはまることばを入れよう！

□ 魔法《まほう》を（**あくよう**）する。

□ 人《ひと》を（**あざける**）のはよくない。

□ 英語《えいご》の本《ほん》を日本語《にほんご》に（**ほんやく**）する。

□ 花《はな》に水《みず》を（**まんべんなく**）やる。

□ みんな、（**おもいおもいに**）遊《あそ》んでいる。

446 □
いかつい
すがたや形《かたち》がごつごつしている。

447 □
りゃくす
略す
はぶく。とりのぞく。

448 □
あいきょう
かわいらしさ。

449 □
てんかい
展開
物事《ものごと》の進《すす》み方《かた》。

450 □
みうち
身内
家族《かぞく》やしんせき。

□ (みうち)が大勢《おおぜい》集《あつ》まった。

□ 物語《ものがたり》の(てんかい)を予想《よそう》する。

□ (いかつい)男《おとこ》がやって来《き》た。

□ (あいきょう)がある人形《にんぎょう》ですね。

□ 細《こま》かい説明《せつめい》は(りゃくす)ことにします。

ことば / いみ

451 □ **ろうひ**《浪費》
むだに使《つか》うこと。

452 □ **てかげん**《手加減》
手《て》をゆるめて、本気《ほんき》でやらないこと。

453 □ **ちょうはつ**《挑発》
何《なに》かをさせるために、相《あい》手《て》をしげきすること。

454 □ **まごつく**
どうしたらよいかすぐにはわからなくなる。

455 □ **ぎわく**《疑惑》
うたがいの気持《きも》ちをもつこと。

使い方

（　）の中に当てはまることばを入れよう！

□ 子供《こども》だからって（**てかげん**）しないでよ。

□ 人《ひと》を（**ぎわく**）の目《め》で見《み》る。

□ 急《きゅう》に質問《しつもん》されて、（**まごつく**）。

□ （**ちょうはつ**）に乗《の》る。

□ つい、おこづかいを（**ろうひ**）してしまう。

456 □
みもしらぬ
見も知らぬ
まったく知《し》らない。

457 □
うめく
苦《くる》しそうにうなる。

458 □
かろやか
軽《かる》そうなようす。

459 □
いちやく
一躍
すぐに。あっというまに。

460 □
ようてん
要点
大事《だいじ》なところ。

□（**いちやく**）有名《ゆうめい》な歌手《かしゅ》になる。

□文章《ぶんしょう》の（**ようてん**）をまとめる。

□（**みもしらぬ**）人《ひと》について行《い》かないように。

□足《あし》どりも（**かろやか**）に歩《ある》く。

□あまりの痛《いた》みに（**うめく**）。

ことば / **いみ**

461 □ **そっけない**　素っ気ない
態度《たいど》が冷《つめ》たい感《かん》じ。

462 □ **せんたん**　先端
いちばん先《さき》。先頭《せんとう》。

463 □ **ぜんあく**　善悪
良《よ》いことと悪《わる》いこと。

464 □ **くりさげる**　繰り下げる
予定《よてい》を遅《おく》らせる。

465 □ **じゅうし**　重視
大切《たいせつ》に考《かんが》えること。

使い方

（　）の中に当てはまることばを入れよう！

□ （**そっけない**）態度《たいど》。

□ （**せんたん**）を走《はし》る。

□ （**ぜんあく**）の区別《くべつ》をつけよう。

□ 試合開始《しあいかいし》の時間《じかん》を（**くりさげる**）。

□ 結果《けっか》より努力《どりょく》を（**じゅうし**）する。

466
おくゆき
奥行き
表《おもて》から奥《おく》までの長《なが》さ。

467
みをひく
身を引く
仕事《しごと》や役《やく》をやめること。

468
ばんじ
万事
全《すべ》ての物《もの》ごと。

469
さいなん
災難
事故《じこ》などで、ひがいを受《う》けること。

470
おとしいれる
陥れる
相手《あいて》をだまして困《こま》らせること。

□この部屋《へや》は（**おくゆき**）がある。
□チームから（**みをひく**）。
□（**ばんじ**）が順調《じゅんちょう》です。
□計画《けいかく》をねって敵《てき》を（**おとしいれる**）。
□思《おも》わぬ（**さいなん**）だった。

ことば / いみ

471 □
ほおづえをつく

ひじをつき、手《て》でほおを押《お》さえること。

472 □
しゃめん 斜面

斜《なな》めになっているところ。

473 □
ろじょう 路上

道《みち》の上《うえ》。

474 □
こてい 固定

場所《ばしょ》を決《き》めて、そこを変《か》えないこと。

475 □
いきあたりばったり 行き当たりばったり

きちんとした計画《けいかく》のないこと。

使い方　（　　）の中に当てはまることばを入れよう！

□ 家具《かぐ》を（**こてい**）する。

□ 急《きゅう》な（**しゃめん**）をスキーですべる。

□ （**ろじょう**）で遊《あそ》ぶのはあぶない。

□ （**いきあたりばったり**）の旅行《りょこう》をする。

□ （**ほおづえをついて**）考《かんが》え込む。

476 □
おんにきせる
恩に着せる

相手《あいて》に感謝《かんしゃ》させようとすること。

477 □
あざむく

だますこと。

478 □
へんけん
偏見

かたよった考《かんが》え。

479 □
よりによって

他《ほか》に選《えら》ばれて良《よ》いものがあるのに。

480 □
ゆうがい
有害

害《がい》があること。

□（よりによって）私《わたし》が選《えら》ばれてしまった。

□仲間《なかま》を（あざむく）なよ。

□あまり（おんにきせる）のはよくない。

□（へんけん）にとらわれてはいけない。

□これは子《こ》どもに（ゆうがい）なゲームだ。

	ことば	いみ
481 □	ごかく（互角）	どちらも同《おな》じぐらいの力《ちから》があること。
482 □	りんじん（隣人）	となりに住《す》んでいる人《ひと》。
483 □	ゆうふく（裕福）	くらしが豊《ゆた》かなようす。
484 □	あたまごなし（頭ごなし）	相手《あいて》の言《い》うことを聞《き》かずに押《お》さえつけたりすること。
485 □	してき（指摘）	言《い》って気《き》づかせる。

使い方　（　）の中に当てはまることばを入れよう！

□（**りんじん**）の顔《かお》を見《み》たことがない。

□間違《まちが》えを（**してき**）する。

□（**ゆうふく**）な家庭《かてい》。

□（**あたまごなし**）にしかられた。

□一位《いちい》と二位《にい》のゲームは（**ごかく**）だった。

486 □
すで
素手
手《て》に武器《ぶき》などを持《も》たないこと。

487 □
いっこうに
一向に
ぜんぜん。

488 □
さんらん
散乱
物《もの》がちらばること。

489 □
けいさい
掲載
新聞《しんぶん》や雑誌《ざっし》などに、文章《ぶんしょう》などがのること。

490 □
よわね
弱音
いくじのないことば。

□いくら注意《ちゅうい》されても（いっこうに）気《き》にしない。

□駅《えき》にはごみが（さんらん）している。

□（すで）でたたかう。

□作文《さくぶん》が新聞《しんぶん》に（けいさい）された。

□そんなことで（よわね）をはくな。

ことば / いみ

491 □
あるがまま
有るがまま
かざらず、自然《しぜん》のまま。

492 □
かんせつてき
間接的
直接《ちょくせつ》ではなく、間《あいだ》に他《ほか》の人《ひと》やものをはさむこと。

493 □
しんそこ
心底
心《こころ》の底《そこ》から。本当《ほんとう》に。

494 □
あぶなげない
危なげない
安心《あんしん》して見《み》ていられる。

495 □
さっする
察する
想像《そうぞう》する。気《き》づく。

使い方

（　）の中に当てはまることばを入れよう！

□（しんそこ）尊敬《そんけい》できる人《ひと》。

□母《はは》に（かんせつてき）に伝《つた》える。

□こまっている人《ひと》の気持《きも》ちを（さっする）。

□（あるがまま）のすがた。

□（あぶなげない）試合《しあい》でした。

496 □
てじゅん
手順
進《すす》めていくための順序《じゅんじょ》。

497 □
いざこざ
小《ちい》さな争《あらそ》い。

498 □
てんけいてき
典型的
その特徴《とくちょう》を強《つよ》く持《も》っていること。

499 □
そうきゅう
早急
たいへん急《いそ》ぐこと。

500 □
けんあく
険悪
危《あぶ》ないことが起《お》こりそうなようす。

□あの人《ひと》は(**てんけいてき**)な芸術家《げいじゅつか》タイプだ。

□二人《ふたり》の仲《なか》が最近《さいきん》(**けんあく**)です。

□仕事《しごと》の(**てじゅん**)を決《き》めておく。

□(**そうきゅう**)に避難《ひなん》して下《くだ》さい。

□仲間《なかま》どうしで(**いざこざ**)が起《お》こる。

ことば

501 □ **ほどほど**

いみ：ゆきすぎにならないぐらい。

502 □ **かいしゃく**《解釈》

いみ：物事《ものごと》の意味《いみ》を理解《りかい》すること。

503 □ **じゅうじつ**《充実》

いみ：しっかりしていて、たくさんあること。

504 □ **そうかい**

いみ：さわやかで気持《きも》ちのよいこと。

505 □ **ひじょう**《非情》

いみ：思《おも》いやりがなく、きびしいこと。

使い方

（　）の中に当てはまることばを入れよう！

□ふざけるのも（**ほどほど**）にしなさい。

□中身《なかみ》が（**じゅうじつ**）した本《ほん》だ。

□君《きみ》はこの出来事《できごと》をどう（**かいしゃく**）するの？

□（**そうかい**）な気分《きぶん》だ。

□それはあまりにも（**ひじょう**）な仕打《しう》ちだ。

506 □
ねんじる
念《ねん》じる

心《こころ》の中《なか》でいのる。

507 □
うすうす

何《なん》となく。少《すこ》し。

508 □
きがきでない
気《き》が気《き》でない

心配《しんぱい》で落《お》ち着《つ》かない。

509 □
しりつ
私立《しりつ》

国《くに》や県《けん》や市《し》ではなく、個《こ》人《じん》などが行《おこな》っていること。

510 □
あいしょう
相性《あいしょう》

性格《せいかく》が合《あ》うかどうかということ。

□ ちこくしないかと（**きがきでない**）。

□ 父《ちち》の無事《ぶじ》を（**ねんじる**）。

□ 前《まえ》から（**うすうす**）気《き》がついていた。

□ 悠太《ゆうた》と僕《ぼく》は（**あいしょう**）がよい。

□（**しりつ**）中学《ちゅうがく》を受験《じゅけん》する。

ことば

511 □
めいあん
明暗

512 □
まばら

513 □
ちゅうこく
忠告

514 □
ユニーク

515 □
ゆうせん
優先

いみ

511 よい面《めん》と悪《わる》い面《めん》。

512 間《あいだ》があいているようす。ぽつぽつと。

513 相手《あいて》の悪《わる》い点《てん》をなおすように注意《ちゅうい》する。

514 他《ほか》と違《ちが》っていて面白《おもしろ》い。独特《どくとく》な。

515 他《ほか》よりも先《さき》にあつかうこと。

使い方 （　）の中に当てはまることばを入れよう！

□ お年《とし》よりの（**ゆうせん**）席《せき》。

□ 両《りょう》チームの（**めいあん**）がはっきりあらわれる。

□ 友《とも》だちに（**ちゅうこく**）する。

□ 木《き》が（**まばら**）にはえている。

□ なかなか（**ユニーク**）な服《ふく》装《そう》ですね。

516 □

はやがてん（早合点）

よく聞《き》かないで、間違《まちが》えた受《う》け取《と》り方《かた》をすること。

517 □

そしつ（素質）

生《う》まれつきもっている力《ちから》。

518 □

もたらす

与《あた》える。持《も》ってくる。

519 □

とうぶん（等分）

同《おな》じ数《かず》や量《りょう》になるように分《わ》けること。

520 □

たわいない

くだらない。なんということもない。

□ピザを三《さん》（**とうぶん**）する。

□地震《じしん》は大《おお》きなそんがいを（**もたらす**）。

□（**そしつ**）のよい人《ひと》。

□（**たわいない**）話《はなし》でもりあがる。

□先生《せんせい》の説明《せつめい》を（**はやがてん**）してしまった。

ことば / いみ

521 □
でっちあげる　でっち上げる
いかにもそうであるかのようにつくりあげる。

522 □
やましい
悪《わる》いことをして罪《つみ》を感《かん》じる。

523 □
ねぎらう
苦労《くろう》に対《たい》して感謝《かんしゃ》する。

524 □
あけくれる　明け暮れる
そのことばかりする。

525 □
まぎらわしい　紛らわしい
区別《くべつ》をつけにくい。

使い方　（　）の中に当てはまることばを入れよう！

□なにも（**やましい**）ところはありません。
□母《はは》の労《ろう》を（**ねぎらう**）。
□テレビゲームに（**あけくれる**）。
□二人《ふたり》ともそっくりで（**まぎらわしい**）。
□犯人《はんにん》を（**でっちあげる**）。

526 □
主張《しゅちょう》
はっきり言《い》うこと。

527 □
遠回《とおまわ》し
なんとなく相手《あいて》にわかるように。

528 □
尻上《しりあ》がり
後《あと》になるほど良《よ》くなること。

529 □
存分《ぞんぶん》
思《おも》いきり。

530 □
短縮《たんしゅく》
短《みじか》くすること。

□ 自分《じぶん》の考《かんが》えを（しゅちょう）する。

□（しりあがり）に調子《ちょうし》が出《で》てきた。

□ 試合時間《しあいじかん》を（たんしゅく）する。

□ 夏休《なつやす》み中《ちゅう》は（ぞんぶん）に遊《あそ》ぼう。

□（とおまわし）にことわる。

ことば

531 □ **せい《盛》だい《大》**

いみ：たいへん盛《さか》んなようす。

532 □ **せきたてる**

いみ：急《いそ》がせる。

533 □ **まざまざ**

いみ：はっきりと。

534 □ **あさましい**

いみ：人《ひと》として恥《は》ずかしい、下《げ》品《ひん》だ。

535 □ **こわばる**

いみ：かたくなる。

使い方　（　）の中に当てはまることばを入れよう！

□お金《かね》にばかりこだわるのは（**あさましい**）。

□（**せいだい**）なパーティが開《ひら》かれる。

□顔《かお》が緊張《きんちょう》で（**こわばる**）。

□「ちこくしますよ。」と母《はは》が（**せきたてる**）。

□昔《むかし》のことを（**まざまざ**）と思《おも》い出《だ》す。

536 □

こうしょう

交渉

物事《ものごと》を決《き》めるために話《はな》し合《あ》うこと。

537 □

ぬけぬけ

ずうずうしいようす。

538 □

そうぞう

創造

今《いま》までにないものを作《つく》ること。

539 □

こうがい

口外

秘密《ひみつ》や言《い》ってはいけないことを人《ひと》に言《い》うこと。

540 □

いちやづけ

一夜づけ

あわてて間《ま》にあわせること。

□（**ぬけぬけ**）とうそをつくな。

□（**いちやづけ**）で漢字《かんじ》を覚《おぼ》える。

□この事《こと》は（**こうがい**）しないように。

□素晴《すば》らしい作品《さくひん》を（**そうぞう**）する。

□条件《じょうけん》の（**こうしょう**）を始《はじ》める。

ことば

541 □ つちふまず《土踏まず》

542 □ くあればらくあり《苦あれば楽あり》

543 □ こじつけ

544 □ みじゅく《未熟》

545 □ いこじ

いみ

541 足《あし》の裏《うら》のへこんだところ。

542 苦《くる》しいことを乗《の》り切《き》れば、楽《らく》になること。

543 無理《むり》につごうよく考《かんが》えた理《り》くつ。

544 まだ十分《じゅうぶん》でないこと。

545 強《つよ》く意地《いじ》をはること。

使い方

（　）の中に当てはまることばを入れよう！

□（**くあればらくあり**）、もう一度《いちど》がんばろう。

□私《わたし》はまだまだ（**みじゅく**）者《もの》です。

□（**つちふまず**）を蚊《か》に刺《さ》された！

□あまり（**いこじ**）になるな。

□そんな理《り》くつは（**こじつけ**）だ。

546 □
くちかず
口数
どれだけしゃべるかということ。

547 □
とくしょく
特色
他《ほか》とくらべて、特《とく》に目《め》だつところ。

548 □
とうとい
貴い
高《たか》いねうちがあること。

549 □
こうじょう
向上
よいほうへ向《む》かうこと。

550 □
だしぬく
出し抜く
人《ひと》をだましたりして自分《じぶん》が先《さき》にする。

□このテレビの（**とくしょく**）は軽《かる》いことです。

□仲間《なかま》を（**だしぬく**）のはよくない。

□技術《ぎじゅつ》がだんだん（**こうじょう**）してきた。

□おじいさんは、（**くちかず**）が少《すく》ない。

□人《ひと》の命《いのち》は（**とうとい**）ものです。

ことば

いみ

551 □ せいじゅく《成熟》
くだものなどが実《みの》ること。

552 □ しったかぶり《知ったか振り》
知《し》らないのに知《し》っているようなふりをすること。

553 □ しんがい《心外》
思《おも》ってもいないこと。

554 □ きがかり《気がかり》
気《き》になること。

555 □ きまずい《気まずい》
相手《あいて》の人《ひと》と気持《きも》ちが合《あ》わず、すっきりしないようす。

使い方

（　）の中に当てはまることばを入れよう！

□ （**しったかぶり**）はよそう。

□ 病気《びょうき》の母《はは》が（**きがかり**）だ。

□ 柿《かき》の（**せいじゅく**）を待《ま》つ。

□ 互《たが》いに（**きまずい**）思《おも》いをする。

□ 「へたくそ」と言《い》われるなんて（**しんがい**）だ。

556 はびこる
のびて広《ひろ》がる。

557 ただならぬ
ふつうでない。

558 りょうりつ（両立）
同時《どうじ》に二《ふた》つのことをきちんと行《おこな》うこと。

559 しゅうへん（周辺）
まわり。

560 くしん（苦心）
苦労《くろう》すること。

□（**ただならぬ**）けはいを感《かん》じる。
□（**くしん**）して作文《さくぶん》を書《か》きあげた。
□庭《にわ》じゅうに雑草《ざっそう》が（**はびこる**）。
□勉強《べんきょう》とスポーツを（**りょうりつ**）させよう。
□この家《いえ》の（**しゅうへん**）は静《しず》かです。

ことば　いみ

561 □ いちかばちか《一か八か》
うまくいくか失敗《しっぱい》するかわからないが。

562 □ そそくさと
あわてて落《お》ち着《つ》きなく。

563 □ はんめんきょうし《反面教師》
こうなってはいけないという例《れい》。

564 □ いよう《異様》
ふつうと変《か》わったようす。

565 □ やみあがり《病み上がり》
病気《びょうき》が治《なお》ったばかりの状態《じょうたい》。

使い方　（　）の中に当てはまることばを入れよう！

□友《とも》だちは（**そそくさと**）出《で》て行《い》った。

□（**やみあがり**）なので注意《ちゅうい》して下《くだ》さい。

□（**いよう**）なかっこうだね。

□兄《あに》は私《わたし》の（**はんめんきょうし**）です。

□（**いちかばちか**）やってみよう。

566 □
ちつじょ（秩序）
きちんとした状態《じょうたい》。

567 □
ちゃくちゃく（着々）
きっちりと。順調《じゅんちょう》に。

568 □
とがめる
あやまちや罪《つみ》を責《せ》める。

569 □
はぐらかす
他《ほか》のことを話《はな》してごまかす。

570 □
よそよそしい
親《した》しみがなく、距離《きょり》がある感《かん》じ。

□ いたずらを（**とがめる**）。
□ つごうが悪《わる》いので話《はなし》を（**はぐらかす**）。
□ 急《きゅう》に（**よそよそしい**）態度《たいど》になる。
□ 社会《しゃかい》の（**ちつじょ**）を守《まも》る。
□ 仕事《しごと》が（**ちゃくちゃく**）と進《すす》む。

ことば / いみ

571 □
ちゅうじゅん
中旬
月《つき》の十日《とおか》から二十日《はつか》ごろまで。

572 □
さすらう
あてもなく歩《ある》きまわる。

573 □
いろとりどり
色とりどり
いろいろな色《いろ》。

574 □
ではらう
出払う
のこらず出《で》てしまう。

575 □
せんべつ
せん別
別《わか》れる人《ひと》におくる物《もの》。

使い方

（　）の中に当てはまることばを入れよう！

□ 知《し》らない町《まち》を（**さすらう**）。

□ 家族《かぞく》がみんな（**ではらう**）。

□ （**いろとりどり**）の風船《ふうせん》。

□ 来月《らいげつ》の（**ちゅうじゅん**）にお会《あ》いしましょう。

□ 転校《てんこう》する友《とも》に（**せんべつ**）を送《おく》る。

576 □
こうせい
構成
組《く》み立《た》て。

577 □
ほんらい
本来
もともと。

578 □
じつわ
実話
本当《ほんとう》にある話《はなし》。

579 □
きやすめ
気休め
ちょっとの間《あいだ》だけ心《こころ》を安《あん》心《しん》させること。

580 □
ひきさがる
引き下がる
あきらめる。やめる。

□そんなの、ただの(**きやすめ**)だよね。

□両親《りょうしん》と二人兄弟《ふたりきょうだい》という家《か》族《ぞく》(**こうせい**)。

□あっさりと(**ひきさがる**)。

□(**ほんらい**)ならもう終《お》わっているはずだよ。

□これは(**じつわ**)をもとに書《か》かれた物語《ものがたり》だ。

ことば / いみ

581
たんどく《単独》
ただ一《ひと》つ。一人《ひとり》。

582
むぼう《無謀》
むちゃなことをすること。

583
かるはずみ《軽はずみ》
よく考《かんが》えないですること。

584
とみ《富》
ざいさん。

585
よはく《余白》
印刷《いんさつ》した紙《かみ》の白《しろ》くのこっている所《ところ》。

使い方

（　）の中に当てはまることばを入れよう！

- □ （**たんどく**）で行動《こうどう》する。
- □ （**かるはずみ**）なことを言《い》うな。
- □ （**よはく**）に落書《らくが》きをする。
- □ 大《おお》きな（**とみ**）を築《きず》く。
- □ （**むぼう**）な運転《うんてん》は慎《つつ》んでください。

586 □
ひっこみがつかない
引っ込みがつかない
途中《とちゅう》でやめるわけに行《い》かない。

587 □
つうじょう
通常
いつも。普通《ふつう》。

588 □
たいさ
大差
大《おお》きなちがい。

589 □
ちからずく
力ずく
力《ちから》で思《おも》うとおりにすること。

590 □
しらをきる
しらを切る
知《し》らないふりをする。

□ 弟《おとうと》のおもちゃを(**ちからずく**)で取《と》り上《あ》げる。

□ 今《いま》さら(**ひっこみがつかない**)。

□ 犯人《はんにん》が(**しらをきる**)。

□ 相手《あいて》に(**たいさ**)をつけて勝《か》った。

□ (**つうじょう**)は十時《じゅうじ》に開店《かいてん》する。

ことば　いみ

591　**てまどる**　手間取る
時間《じかん》がかかる。

592　**ねにもつ**　根に持つ
いつまでも恨《うら》みに思《おも》い、忘《わす》れない。

593　**いつになく**
いつもとちがって。

594　**こんくらべ**　根比べ
どちらの我慢《がまん》が続《つづ》くかを比《くら》べあうこと。

595　**つつぬけ**
話《はな》し声《ごえ》がそのまま伝《つた》わること。

使い方

（　）の中に当てはまることばを入れよう！

□ 今日《きょう》の父《ちち》は、（**いつになく**）元気《げんき》がない。

□ この仕事《しごと》は（**てまどる**）。

□ 昔《むかし》のことを（**ねにもつ**）。

□ かれと（**こんくらべ**）になった。

□ となりの声《こえ》が（**つつぬけ**）だ。

596 □

どわすれ
度忘《どわす》れ

ふと忘《わす》れて思《おも》い出《だ》せないこと。

597 □

れんそう
連想《れんそう》

それに関係《かんけい》したほかのことを思《おも》い浮《う》かべること。

598 □

くちがかるい
口《くち》が軽《かる》い

言《い》うべきでないこともすぐにしゃべる。

599 □

ないしん
内心《ないしん》

本当《ほんとう》の気持《きも》ち。

600 □

まつわる

関係《かんけい》がある。

□（**くちがかるい**）人《ひと》。

□この絵《え》から何《なに》を（**れんそう**）しますか？

□古《ふる》いお城《しろ》に（**まつわる**）話《はなし》を聞《き》く。

□（**ないしん**）はびくびくしています。

□あの人《ひと》の名前《なまえ》を（**どわすれ**）してしまった。

ことば

601 □ **けいこく《警告》**
いみ：前《まえ》もって注意《ちゅうい》すること。

602 □ **すんぜん《寸前》**
いみ：ほんの少《すこ》し前《まえ》。

603 □ **うかつ**
いみ：うっかりすること。

604 □ **こっけい**
いみ：変《か》わっていておかしいようす。

605 □ **さかうらみ**
いみ：逆《ぎゃく》に恨《うら》むこと。

使い方　（　）の中に当てはまることばを入れよう！

- □ （**うかつ**）にも忘《わす》れ物《もの》をしてしまった。
- □ スピードを出《だ》さぬよう、（**けいこく**）する。
- □ 発車《はっしゃ》（**すんぜん**）の電車《でんしゃ》に乗《の》る。
- □ 注意《ちゅうい》されて（**さかうらみ**）する。
- □ （**こっけい**）な踊《おど》りだ。

発展編
はってんへん

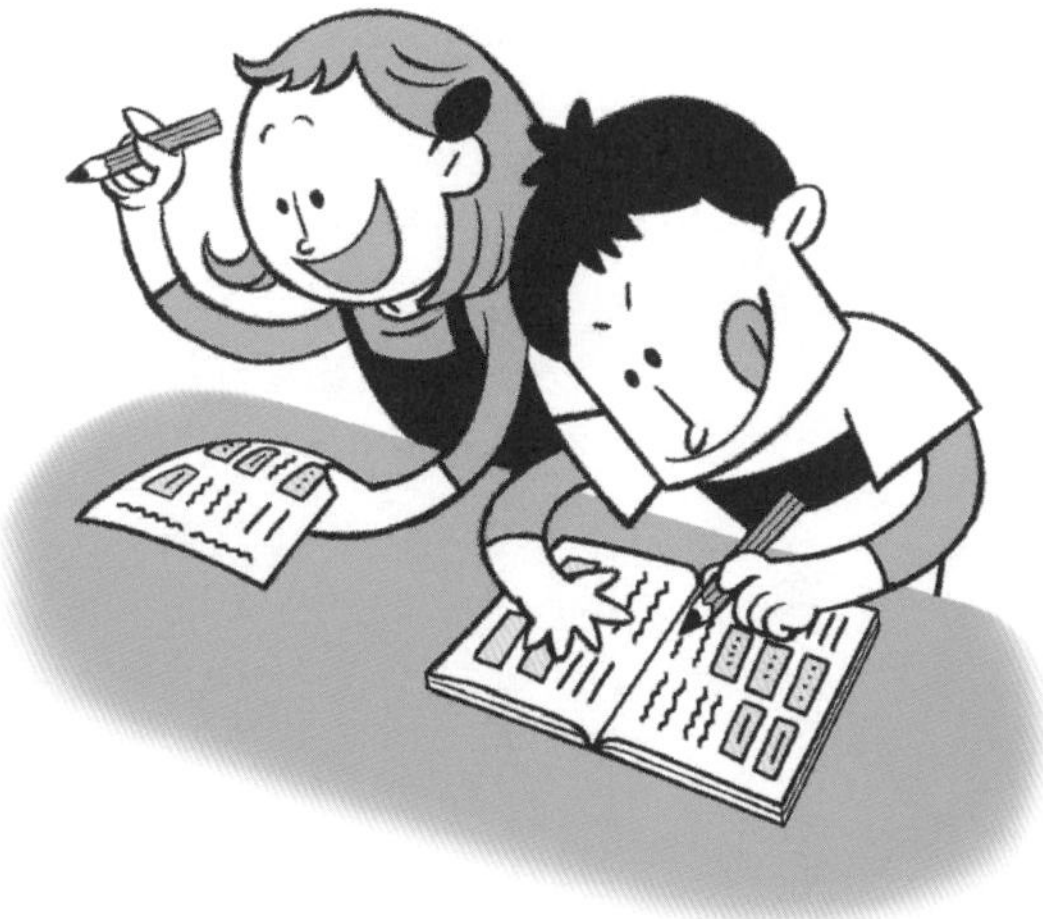

606 口直《くちなお》し
口《くち》に残《のこ》った味《あじ》を消《け》すために、別《べつ》の物《もの》を飲食《いんしょく》すること。

607 素姓《すじょう》
血《ち》すじ。家《いえ》がら。

608 足《あし》がすくむ
こわかったり驚《おどろ》いたりして足《あし》が動《うご》かなくなる。

609 遂行《すいこう》
やりとげること。

610 摂取《せっしゅ》
食《た》べ物《もの》や栄養分《えいようぶん》を自分《じぶん》の体《からだ》の中《なか》に取《と》り入《い》れること。

使い方 （　）の中に当てはまることばを入れよう！

□ 父《ちち》は任務《にんむ》を（**遂行**《すいこう》）した。

□ （**口直し**《くちなお》）にアイスクリームを食《た》べる。

□ つり橋《ばし》を渡《わた》るとき、いつも（**足**《あし》**がすくむ**）。

□ あの人《ひと》は（**素姓**《すじょう》）がいい。

□ 植物《しょくぶつ》は根《ね》から水分《すいぶん》や栄養《えいよう》を（**摂取**《せっしゅ》）している。

611 □

余興《よきょう》

会《かい》などを楽《たの》しくするために行《おこな》う、歌《うた》や踊《おど》りや芸《げい》。

612 □

肩身《かたみ》が狭《せま》い

世《よ》の中《なか》に対《たい》して申《もう》し訳《わけ》なく思《おも》うようす。

613 □

親《おや》ばか

かわいいあまりに、自分《じぶん》の子《こ》に関《かん》しておろかになること。

614 □

口火《くちび》を切《き》る

一番先《いちばんさき》に始《はじ》める。

615 □

逐一《ちくいち》

いちいち。全部《ぜんぶ》。

□ （**口火《くちび》を切《き》って**）話《はな》し始《はじ》める。

□ 母《はは》に学校《がっこう》であったことを（**逐一《ちくいち》**）報告《ほうこく》する。

□ 新入生歓迎会《しんにゅうせいかんげいかい》の（**余興《よきょう》**）に手品《てじな》をする。

□ わが子《こ》の自慢《じまん》ばかりすると、（**親《おや》ばか**）と言《い》われる。

□ 予選落《よせんお》ちして（**肩身《かたみ》が狭《せま》い**）。

ことば

いみ

616 □
腐敗《ふはい》
世《よ》の中《なか》や人《ひと》の心《こころ》が乱《みだ》れ、悪《わる》いことが平気《へいき》で行《おこな》われること。

617 □
屈《くっ》する
くじける。

618 □
虚勢《きょせい》をはる
見《み》せかけだけの勢《いきお》いを示《しめ》す。

619 □
一目《いちもく》置《お》く
優《すぐ》れた者《もの》に対《たい》して一歩《いっぽ》ゆずる。

620 □
偏屈《へんくつ》
性質《せいしつ》がかたより、ねじけていること。

使い方　（　）の中に当てはまることばを入れよう！

□（**虚勢《きょせい》をはって**）無理《むり》をする。

□失敗《しっぱい》に（**屈《くっ》する**）ことなく挑戦《ちょうせん》する。

□あの学者《がくしゃ》は（**偏屈《へんくつ》**）な人《ひと》だ。

□彼《かれ》はクラスで（**一目置《いちもくお》かれた**）存在《そんざい》だ。

□今《いま》の政治《せいじ》は（**腐敗《ふはい》**）している。

621 □
おびただしい

数《かず》がひじょうに多《おお》い。

622 □
誤《ご》算《さん》

考《かんが》えていたことがはずれること。

623 □
難《なん》色《しょく》を示《しめ》す

気《き》の進《すす》まないようす。

624 □
墓《ぼ》穴《けつ》を掘《ほ》る

自分《じぶん》のしたことが原因《げんいん》となって失敗《しっぱい》する。

625 □
手《て》ぐすねを引《ひ》く

十分用意《じゅうぶんようい》して待《ま》ちかまえる。

□ 言《い》い訳《わけ》をしたことで、かえって（**墓《ぼ》穴《けつ》を掘《ほ》って**）しまった。

□ 再試合《さいしあい》の提案《ていあん》に（**難《なん》色《しょく》を示《しめ》す**）。

□ 宿題《しゅくだい》にこんなに時間《じかん》がかかるとは、大《おお》きな（**誤《ご》算《さん》**）だ。

□ ぼくは試合《しあい》の開始《かいし》を（**手《て》ぐすねを引《ひ》いて**）待《ま》った。

□ （**おびただしい**）観客《かんきゃく》が会《かい》場《じょう》に集《あつ》まった。

ことば

626 □ のどから手《て》が出《で》る

いみ：ほしくてたまらない。

627 □ 猶予《ゆうよ》

いみ：ぐずぐずして決《き》めないこと。

628 □ 脈《みゃく》がある

いみ：見込《みこ》みがある。

629 □ 風情《ふぜい》

いみ：味《あじ》わい深《ぶか》く、上品《じょうひん》なふんいき。

630 □ はなはだしい

いみ：はげしい。ひどい。

使い方

（　）の中に当てはまることばを入れよう！

□（**風情《ふぜい》**）のある町並《まちな》みが続《つづ》く。

□この本《ほん》は（**のどから手《て》が出《で》る**）ほどほしい。

□誤解《ごかい》も（**はなはだしい**）。

□一刻《いっこく》の（**猶予《ゆうよ》**）も許《ゆる》されない。

□あの様子《ようす》ならば、まだまだ（**脈《みゃく》がある**）と思《おも》う。

631 □
因縁《いんねん》
前《まえ》から決《き》まっている運命《うんめい》、めぐり合《あ》わせ。

632 □
無造作《むぞうさ》
注意深《ちゅういぶか》くしないで、手軽《てがる》にやってのけるようす。

633 □
兆候《ちょうこう》
物事《ものごと》が起《お》こりそうなきざし。前《まえ》ぶれ。

634 □
引率《いんそつ》
人《ひと》を引《ひ》きつれること。

635 □
細大《さいだい》もらさず
細《こま》かいことまで全《すべ》て。

□ 先生《せんせい》の話《はなし》を（**細大《さいだい》もらさず**）書《か》きとめる。

□ （**無造作《むぞうさ》**）に扱《あつか》う。

□ 火山《かざん》の噴火《ふんか》の（**兆候《ちょうこう》**）が現《あらわ》れる。

□ 先生《せんせい》が生徒《せいと》を（**引率《いんそつ》**）する。

□ 前世《ぜんせ》の（**因縁《いんねん》**）。

ことば / いみ

636 □ 察知《さっち》 — 気《き》づくこと。

637 □ 差《さ》し当《あ》たり — 今《いま》のところ。

638 □ 固執《こしつ》 — 自分《じぶん》の考《かんが》えや意見《いけん》にこだわってまげないこと。

639 □ 軒並《のきな》み — すべて。

640 □ 還元《かんげん》 — もとへ返《かえ》すこと、もどすこと。

使い方

（　）の中に当てはまることばを入れよう！

- □ （**差《さ》し当《あ》たり**）必要《ひつよう》な物《もの》は買《か》いそろえた。
- □ 一《ひと》つの考《かんが》えに（**固執《こしつ》**）しない方《ほう》がよい。
- □ 企業《きぎょう》の利益《りえき》を社会《しゃかい》に（**還元《かんげん》**）する。
- □ 道路《どうろ》は（**軒並《のきな》み**）渋滞《じゅうたい》している。
- □ 相手《あいて》の気持《きも》ちを（**察知《さっち》**）する。

641 □
やり手《て》
うでまえのある人《ひと》。

642 □
人《ひと》となり
人《ひと》がら。

643 □
有終《ゆうしゅう》の美《び》
最後《さいご》までやり通《とお》して、りっぱな結果《けっか》を出《だ》す。

644 □
素行《そこう》
ふだんの行《おこな》い。

645 □
懸案《けんあん》
前《まえ》から問題《もんだい》になったままのことがら。

□ （**素行**《そこう》）の悪《わる》い人《ひと》。

□ 話《はな》し方《かた》で（**人**《ひと》**となり**）がわかる。

□ 最後《さいご》の試合《しあい》で勝《か》ち（**有終**《ゆうしゅう》**の美**《び》）をかざった。

□ 店長《てんちょう》が（**やり手**《て》）なので、売《う》り上《あ》げが大《おお》きくのびた。

□ （**懸案**《けんあん》）の工事《こうじ》が始《はじ》まる。

ことば／いみ

646 □ **鼻《はな》につく**
うっとうしくていやになる。

647 □ **おごる**
いい気《き》になっていばる。

648 □ **泣《な》き寝《ね》入《い》り**
ひどい目《め》にあっても、そのままあきらめてしまうこと。

649 □ **立《た》ち消《ぎ》え**
実現《じつげん》しないままやめになってしまうこと。

650 □ **のっぴきならない**
のがれられない。

使い方
（　）の中に当てはまることばを入れよう！

□ 旅行《りょこう》に行《い》く話《はなし》は（**立《た》ち消《ぎ》え**）になった。

□ （**のっぴきならない**）用事《ようじ》ができた。

□ 試合《しあい》に勝《か》ったからといって（**おごって**）はいけない。

□ 彼《かれ》の自慢話《じまんばなし》は（**鼻《はな》につく**）。

□ 暴力《ぼうりょく》に（**泣《な》き寝《ね》入《い》り**）してはならない。

発展編

651 □
猫《ねこ》もしゃくしも
誰《だれ》も彼《かれ》も。

652 □
隔世《かくせい》の感《かん》
時代《じだい》が変《か》わり、ようすがすっかり変《か》わったと感《かん》じること。

653 □
一旗《ひとはた》上《あ》げる
仕事《しごと》などで成功《せいこう》し、世間《せけん》に認《みと》められる。

654 □
ほとばしる
勢《いきお》いよく飛《と》び散《ち》る。

655 □
辛《から》くも
やっとのことで。

□ (辛《から》くも)電車《でんしゃ》に間《ま》に合《あ》った。
□ 連休《れんきゅう》は、(猫《ねこ》もしゃくしも)どこかへ出《で》かけたがる。
□ オレンジの果汁《かじゅう》が(ほとばしる)。
□ 町《まち》のようすは、以前《いぜん》とは(隔世《かくせい》の感《かん》)がある。
□ アメリカで(一旗《ひとはた》上《あ》げた)男《おとこ》。

ことば

656 あおる

657 屈服《くっぷく》

658 手塩《てしお》にかける

659 十人並《じゅうにんな》み

660 面《つら》の皮《かわ》が厚《あつ》い

いみ

656 おだてたりして、その気《き》にさせる。

657 相手《あいて》に負《ま》けて従《したが》うこと。

658 苦労《くろう》して育《そだ》て上《あ》げる。

659 特《とく》にすぐれていないで、人並《ひとな》みであること。

660 ずうずうしい。

使い方 （　）の中に当てはまることばを入れよう!

□ 全《まった》く（**面《つら》の皮《かわ》が厚《あつ》い**）奴《やつ》だ。

□ 敵《てき》に（**屈服《くっぷく》**）する。

□ 監督《かんとく》が（**手塩《てしお》にかけた**）選《せん》手《しゅ》たち。

□ （**十人並《じゅうにんな》み**）の成績《せいせき》。

□ 周《まわ》りに（**あおられて**）けんかをしてしまった。

661 □
逝《ゆ》く
人《ひと》が死《し》ぬこと。

662 □
前途《ぜんと》
行《ゆ》く先《さき》。

663 □
持論《じろん》
主張《しゅちょう》し続《つづ》けている意見《いけん》や考《かんが》え。

664 □
引用《いんよう》
他《ほか》の言葉《ことば》や文章《ぶんしょう》を借《か》りて使《つか》うこと。

665 □
割愛《かつあい》
おしいけれども、省《はぶ》くこと。

□ 新聞《しんぶん》の記事《きじ》を（**引用**《いんよう》）する。

□ おしいのだが、作文《さくぶん》の一部《いちぶ》を（**割愛**《かつあい》）した。

□ （**持論**《じろん》）をまげない。

□ この旅《たび》の（**前途**《ぜんと》）を思《おも》うと心《こころ》が奮《ふる》い立《た》つ。

□ 人気作家《にんきさっか》が若《わか》くして（**逝く**《ゆ》）。

ことば / いみ

666 □ **往来《おうらい》**

行《い》ったり来《き》たりすること。

667 □ **話《はなし》の腰《こし》を折《お》る**

人《ひと》の話《はなし》を途中《とちゅう》でじゃますること。

668 □ **たぶらかす**

ごまかしてだます。

669 □ **捨《す》て身《み》**

命《いのち》を捨《す》てるつもりで物事《ものごと》に当《あ》たること。

670 □ **役不足《やくぶそく》**

その人《ひと》の力《ちから》に対《たい》し、与《あた》えられた役目《やくめ》が軽《かる》すぎること。

使い方　（　）の中に当てはまることばを入れよう！

□ 車《くるま》の（**往来《おうらい》**）がはげしい道《どう》路《ろ》。

□ 発表《はっぴょう》の途中《とちゅう》に電話《でんわ》がなって、（**話《はなし》の腰《こし》を折《お》ら**）れた。

□ うまい言葉《ことば》で人《ひと》を（**たぶらかす**）。

□ 彼《かれ》にとって副会長《ふくかいちょう》は（**役不足《やくぶそく》**）だ。

□ （**捨《す》て身《み》**）の覚悟《かくご》で強敵《きょうてき》に立《た》ち向《む》かう。

671 □

根《ね》こそぎ

何《なに》も残《のこ》さずに、すっかり。

672 □

途《と》方《ほう》に暮《く》れる

うまい方法《ほうほう》がなくて困《こま》り果《は》てる。

673 □

抜《ぬ》け目《め》のない

注意深《ちゅういぶか》く、すきがないこと。

674 □

太鼓判《たいこばん》を押《お》す

間違《まちが》いないと保証《ほしょう》すること。

675 □

世俗《せぞく》

世《よ》の中《なか》のしきたり。

□ 財布《さいふ》をなくして（**途方《とほう》に暮《く》れる**）。

□ 優勝間違《ゆうしょうまちが》いなしと（**太鼓《たいこ》判《ばん》を押《お》す**）。

□ 空《あ》き巣《す》に現金《げんきん》を（**根《ね》こそぎ**）とられた。

□ 彼《かれ》は（**抜《ぬ》け目《め》のない**）人《ひと》だ。

□ （**世《せ》俗《ぞく》**）に従《したが》って生《い》きる。

ことば

676 □ 関《せき》の山《やま》

いみ：がんばってもこれ以上《いじょう》は無理《むり》だというところ。

677 □ 分《ぶん》相《そう》応《おう》

いみ：能力《のうりょく》や身分《みぶん》に合《あ》った。

678 □ ことさら

いみ：特《とく》に。格別《かくべつ》に。

679 □ 波《は》及《きゅう》

いみ：だんだんと広《ひろ》がって、伝《つた》わっていくこと。

680 □ 水《みず》入《い》らず

いみ：家族《かぞく》などだけで、よその人《ひと》はまじっていないこと。

使い方

（　）の中に当てはまることばを入れよう！

- □石油《せきゆ》の値上《ねあ》がりの影響《えいきょう》が日本経済《にほんけいざい》に（**波及**《はきゅう》）する。
- □親子《おやこ》（**水入**《みずい》**らず**）で食事《しょくじ》をする。
- □このチームは、五位《ごい》に入《はい》るのが（**関**《せき》**の山**《やま》）だ。
- □（**分相応**《ぶんそうおう》）な生活《せいかつ》。
- □今年《ことし》の夏《なつ》は（**ことさら**）暑《あつ》い。

681 □
暗《あん》に

それとなく。

682 □
見《み》る影《かげ》もない

見《み》るのも気《き》の毒《どく》なほどみすぼらしく変《か》わってしまったこと。

683 □
足掛《あしか》け

年月《ねんげつ》などを数《かぞ》えるときに、はじめと終《お》わりのはんぱの分《ぶん》も一《いち》とする数《かぞ》え方《かた》。

684 □
お茶《ちゃ》をにごす

適当《てきとう》なことを言《い》ってその場《ば》をごまかすこと。

685 □
先入観《せんにゅうかん》

前《まえ》もって頭《あたま》の中《なか》にできている考《かんが》え。思《おも》い込《こ》み。

□ 自分《じぶん》に都合《つごう》の悪《わる》い話《はなし》になったので、（**お茶《ちゃ》をにごし**）た。

□ （**暗《あん》に**）ほのめかしておく。

□ 人《ひと》は（**先入観《せんにゅうかん》**）にとらわれやすい。

□ ここに住《す》んで（**足掛《あしか》け**）十《じゅう》年《ねん》になる。

□ やつれて（**見《み》る影《かげ》もない**）姿《すがた》。

ことば / いみ

番号	ことば	いみ
686 □	一笑《いっしょう》に付《ふ》す	まじめに取《と》り上《あ》げない。
687 □	怠慢《たいまん》	するべきことをなまけてしないこと。
688 □	機転《きてん》	物事《ものごと》に合《あ》わせて、すばやく心《こころ》がはたらくこと。
689 □	終日《しゅうじつ》	一日中《いちにちじゅう》。
690 □	放任《ほうにん》	したいようにさせておくこと。

使い方　（　）の中に当てはまることばを入れよう！

□ 先生《せんせい》に勉強《べんきょう》の（**怠慢《たいまん》**）を注意《ちゅうい》される。

□ 私《わたし》のアイデアは（**一笑《いっしょう》に付《ふ》された**）。

□ （**放任《ほうにん》**）主義《しゅぎ》。

□ （**機転《きてん》**）がきく人《ひと》。

□ 駅構内《えきこうない》は（**終日《しゅうじつ》**）禁煙《きんえん》です。

691 □
わだかまり
心《こころ》の中《なか》がさっぱりしないこと。

692 □
ぬか喜《よろこ》び
当《あ》てがはずれて、喜《よろこ》んだことがむだになること。

693 □
すこぶる
たいへん。ひじょうに。

694 □
おぜん立《だ》て
物事《ものごと》の準備《じゅんび》。

695 □
願《ねが》ってもない
願《ねが》い通《どお》りになってありがたい。

□ まだ(**わだかまり**)が残《のこ》っている。

□ あなたに手伝《てつだ》ってもらえるとは(**願《ねが》ってもない**)ことです。

□ くじで当《あ》たったと思《おも》ったのに(**ぬか喜《よろこ》び**)だった。

□ 会《かい》の(**おぜん立《だ》て**)をする。

□ 私《わたし》は(**すこぶる**)元気《げんき》です。

696 ひのき舞台《ぶたい》

腕前《うでまえ》を見《み》せることのできる場所《ばしょ》。

697 ゆえん

理由《りゆう》。

698 めりはり

調子《ちょうし》をゆるめたり、はやめたりすること。

699 意《い》のまま

思《おも》い通《どお》り。

700 辺《へん》ぴ

都会《とかい》や町《まち》から遠《とお》くはなれていて、不便《ふべん》なこと。

使い方 （　）の中に当てはまることばを入れよう！

□ 人《ひと》からそのような悪口《わるくち》を言《い》われる（**ゆえん**）はない。

□ 世界《せかい》の（**ひのき舞台**《ぶたい》）に立《た》つ。

□ （**辺**《へん》**ぴ**）な山奥《やまおく》の村《むら》に住《す》む。

□ （**めりはり**）のある文章《ぶんしょう》を書《か》きましょう。

□ 相手《あいて》の（**意**《い》**のまま**）になる。

701

十八番《おはこ（じゅうはちばん）》

自分《じぶん》が一番得意《いちばんとくい》とすること。

702

唐突《とうとつ》

急《きゅう》で思《おも》いがけないようす。

703

物々《ものもの》しい

厳重《げんじゅう》である。おおげさである。

704

お門違《かどちが》い

見当違《けんとうちが》い。

705

尾《お》ひれをつける

うそを加《くわ》えて話《はなし》をおおげさにする。

□その歌《うた》は、父《ちち》の（**十八番**《おはこ（じゅうはちばん）》）です。

□実際《じっさい》の体験話《たいけんばなし》に（**尾**《お》**ひれをつける**）。

□駅《えき》は（**物々**《ものもの》**しい**）警戒《けいかい》がされている。

□（**唐突**《とうとつ》）な話《はなし》にとまどう。

□そんなことで私《わたし》をうらむのは（**お門違**《かどちが》**い**）だ。

ことば	いみ
706 □ 鼻《はな》であしらう	冷《つめ》たい態度《たいど》をとる。
707 □ 目星《めぼし》をつける	おおよその見当《けんとう》をつける。
708 □ 舌《した》を巻《ま》く	たいへんびっくりすること。
709 □ すげない	思《おも》いやりなく、そっけなく。
710 □ 潜在《せんざい》	内側《うちがわ》に隠《かく》れて存在《そんざい》すること。

使い方　（　）の中に当てはまることばを入れよう！

- □ 球《たま》の速《はや》さに（**舌《した》を巻《ま》く**）。
- □ （**潜在《せんざい》**）能力《のうりょく》を引《ひ》き出《だ》す。
- □ その事件《じけん》の犯人《はんにん》の（**目星《めぼし》をつける**）。
- □ 提案《ていあん》をしたのに（**鼻《はな》であしらわれた**）。
- □ 必死《ひっし》に頼《たの》んだが、（**すげなく**）断《ことわ》られた。

711 けりをつける

終《お》わりにすること。

712 たんかを切《き》る

いせいのよい言葉《ことば》で、言《い》いたいことを相手《あいて》に言《い》う。

713 骨《ほね》身《み》を削《けず》る

たいへんな苦労《くろう》をすること。

714 又《また》聞《ぎ》き

それを聞《き》いた人《ひと》からさらに聞《き》くこと。

715 推《すい》進《しん》

物事《ものごと》を進《すす》めること。

- □ホームランで試合《しあい》に（**けりをつけた**）。
- □うわさ話《ばなし》を（**又《また》聞《ぎ》き**）する。
- □長年《ながねん》の間《あいだ》、（**骨《ほね》身《み》を削《けず》って**）働《はたら》いた。
- □町《まち》では緑地《りょくち》計画《けいかく》を（**推《すい》進《しん》**）している。
- □相手《あいて》の顔《かお》をにらみつけて、（**たんかを切《き》った**）。

	ことば	いみ
716 □	しのぎをけずる	激《はげ》しく戦《たたか》う。
717 □	取《と》り越《こ》し苦《ぐ》労《ろう》	先《さき》のことをあれこれと考《かんが》え、心配《しんぱい》をすること。
718 □	引《ひ》けを取《と》る	勝負《しょうぶ》や競争《きょうそう》で負《ま》ける。
719 □	虚《きょ》栄《えい》	うわべをかざり、よく見《み》せようとすること。みえ。
720 □	一《いっ》点《てん》張《ば》り	思《おも》い込《こ》んだ一《ひと》つのことを押《お》し通《とお》すこと。

使い方　（　）の中に当てはまることばを入れよう！

- □ 上位三《じょういさん》チームが（**しのぎをけずる**）。
- □ 余計《よけい》な（**取《と》り越《こ》し苦《ぐ》労《ろう》**）をすることはない。
- □ 長距離走《ちょうきょりそう》ならだれにも（**引《ひ》けを取《と》る**）ことはない。
- □ ブランド品《ひん》ばかり買《か》うのは、つまらぬ（**虚栄《きょえい》**）だ。
- □ 私《わたし》は知《し》らないの（**一点張《いってんば》り**）で通《とお》した。

721 □
まな板《いた》にのせる
話題《わだい》にする。議論《ぎろん》の対象《たいしょう》にする。

722 □
腰《こし》を据《す》える
じっくりと一《ひと》つのことをする。

723 □
動《どう》揺《よう》
心《こころ》が落《お》ち着《つ》かないこと。

724 □
ふつつか
気《き》がまわらず、行《ゆ》き届《とど》かないこと。

725 □
仮《か》定《てい》
仮《かり》に決《き》めること。

□（**ふつつか**）な者《もの》ですが、よろしくお願《ねが》いいたします。

□環境問題《かんきょうもんだい》を（**まな板《いた》にのせて**）議論《ぎろん》する。

□次《つぎ》の休《やす》みには、（**腰《こし》を据《す》えて**）長編小説《ちょうへんしょうせつ》を読《よ》もう。

□そんなうわさ話《ばなし》で人《ひと》に（**動《どう》揺《よう》**）を与《あた》えるな。

□地震《じしん》が起《お》きたと（**仮《か》定《てい》**）して避難訓練《ひなんくんれん》を行《おこな》う。

ことば / いみ

726 □ **追《お》い打《う》ちをかける**
困《こま》っているところに、さらに悪《わる》い状態《じょうたい》がおそうこと。

727 □ **自《じ》腹《ばら》を切《き》る**
自分《じぶん》のお金《かね》で支払《しはら》う。

728 □ **不《ふ》びん**
かばってやりたくなるほど、哀《あわ》れでかわいそうなようす。

729 □ **虫《むし》が知《し》らせる**
何《なに》か起《お》こりそうだと、何《なん》となくいやな予感《よかん》がする。

730 □ **過《か》渡《と》期《き》**
物事《ものごと》が移《うつ》り変《か》わっていく途中《とちゅう》の時期《じき》。

使い方
（　）の中に当てはまることばを入れよう！

□ （**虫《むし》が知《し》らせた**）ので、その便《びん》には乗《の》らなかった。

□ 子《こ》どもから大人《おとな》への（**過《か》渡《と》期《き》**）。

□ （**自《じ》腹《ばら》を切《き》って**）みんなにごちそうする。

□ 捨《す》て犬《いぬ》を（**不《ふ》びん**）に思《おも》う。

□ 大地震《おおじしん》のあとに、悪天候《あくてんこう》が（**追《お》い打《う》ちをかけた**）。

731 なおざり

物事《ものごと》をいいかげんにすること。

732 物心《もの ごころ》がつく

世《よ》の中《なか》のようすや人《ひと》の気《き》持《も》ちがわかるようになる。

733 当事者《とう じ しゃ》

そのことに直接関係《ちょくせつかんけい》のある人《ひと》。

734 木《こ》もれ日《び》

木《こ》の葉《は》のすき間《ま》からもれてくる日《ひ》の光《ひかり》。

735 困惑《こん わく》

どうしたらよいかわからなくて困《こま》ること。

- 私《わたし》が(**物心《ものごころ》がつく**)前《まえ》に、母《はは》は亡《な》くなりました。
- 彼《かれ》は(**なおざり**)な返事《へんじ》をした。
- 友《とも》だちに借《か》りた本《ほん》をなくし、(**困惑《こんわく》**)する。
- 事故《じこ》を起《お》こした(**当事者《とうじしゃ》**)から話《はなし》を聞《き》く。
- (**木《こ》もれ日《び》**)がゆれている。

ことば

736 見《み》てくれ

いみ

みかけ。

737 頭《あたま》をもたげる

ある考《かんが》えが浮《う》かんでくる。

738 いさめる

間違《まちが》いを改《あらた》めるように注《ちゅう》意《い》する。

739 難《なん》儀《ぎ》

苦《くる》しむこと。

740 増《ぞう》長《ちょう》

程《てい》度《ど》がだんだんはげしくなること。

使い方

（　）の中に当てはまることばを入れよう！

□ 犯《はん》人《にん》は彼《かれ》ではないかという考《かんが》えが（**頭《あたま》をもたげる**）。

□ 雪《ゆき》道《みち》を歩《ある》くのに（**難《なん》儀《ぎ》**）する。

□ 部《ぶ》下《か》を（**いさめる**）。

□ （**見《み》てくれ**）だけで判《はん》断《だん》しない方《ほう》がよい。

□ 妹《いもうと》のわがままが（**増《ぞう》長《ちょう》**）している。

741 □
ばつが悪《わる》い
はずかしくてその場《ば》にいづらい。

742 □
角《かど》が立《た》つ
相手《あいて》と気《き》まずくなる。

743 □
示《し》唆《さ》
さりげなく教《おし》えること。

744 □
ないがしろ
いいかげんに扱《あつか》うようす。

745 □
もどかしい
思《おも》うようにならなくて、いらいらする。

□ それとなく（**示《し》唆《さ》**）する。
□ （**ばつが悪《わる》い**）思《おも》いをする。
□ 親《おや》を（**ないがしろ**）にしてはいけない。
□ そんな言《い》い方《かた》をすると（**角《かど》が立《た》つ**）。
□ 病《びょう》気《き》の回《かい》復《ふく》が遅《おく》れ、（**もどかしい**）思《おも》いをする。

ことば / いみ

746 □ **たちどころに**
すぐに。

747 □ **くみしやすい**
相手《あいて》として扱《あつか》いやすい。

748 □ **長《た》けている**
ある能力《のうりょく》がすぐれている。

749 □ **併用《へいよう》**
二《ふた》つ以上《いじょう》の物《もの》をいっしょに使《つか》うこと。

750 □ **流《りゅう》ちょう**
流《なが》れるようにすらすらと話《はな》したり書《か》いたりする。

使い方 （　）の中に当てはまることばを入れよう！

- □ 彼女《かのじょ》は音楽《おんがく》に（**長《た》けている**）。
- □ 寒《さむ》いのでこたつとストーブを（**併用《へいよう》**）している。
- □ （**流《りゅう》ちょう**）にフランス語《ご》を話《はな》す。
- □ （**くみしやすい**）相手《あいて》。
- □ 難《むずか》しい問題《もんだい》を（**たちどころに**）解決《かいけつ》した。

751 □
紅《こう》一《いっ》点《てん》
男性《だんせい》たちの中《なか》に女性《じょせい》が一人《ひとり》だけいること。

752 □
地《じ》でいく
想像《そうぞう》ではなく、現実《げんじつ》であること。

753 □
つまびらか
詳《くわ》しいようす。

754 □
買《か》いかぶる
人《ひと》の能力《のうりょく》などを実際《じっさい》よりも高《たか》いと考《かんが》える。

755 □
見《み》積《つ》もり
おおよその費用《ひよう》を計算《けいさん》したもの。

□ 彼女《かのじょ》は職場《しょくば》の（**紅一点**《こういってん》）だ。

□ 店《みせ》の改装《かいそう》にいくらかかるか、（**見積**《みつ》**もり**）をとる。

□ 事故《じこ》の原因《げんいん》が（**つまびらか**）になる。

□ 映画《えいが》を（**地**《じ》**でいく**）ような出来事《できごと》。

□ あなたは僕《ぼく》の実力《じつりょく》を（**買**《か》**いかぶって**）います。

ことば

いみ

使い方
（　）の中に当てはまることばを入れよう！

756 □
温《おん》存《ぞん》
使《つか》わないで大事《だいじ》に残《のこ》しておくこと。

757 □
切《せつ》実《じつ》
その人《ひと》に深《ふか》く関《かか》わっていて重要《じゅうよう》なようす。

758 □
啓《けい》もう
何《なに》も知《し》らない人《ひと》に正《ただ》しいことを教《おし》え、導《みちび》くこと。

759 □
定《さだ》めし
きっと。たぶん。

760 □
間《かん》一《いっ》髪《ぱつ》
ぎりぎりなようす。

□ 最後《さいご》までエースを（**温存《おんぞん》**）しておく。

□ 水不足《みずぶそく》は、農家《のうか》の人々《ひとびと》には（**切実《せつじつ》**）な問題《もんだい》だ。

□ 政治《せいじ》をよく知《し》らない人々《ひとびと》を（**啓《けい》もう**）する。

□ （**定《さだ》めし**）心配《しんぱい》していることでしょう。

□ 最終電車《さいしゅうでんしゃ》に（**間一髪《かんいっぱつ》**）のところで間《ま》に合《あ》った。

761 □
強要《きょうよう》
無理《むり》にさせること。

762 □
ないし
または。

763 □
したり顔《かお》
得意《とくい》そうな顔《かお》つき。

764 □
抜《ぬ》き差《さ》しならない
どうにもならない。

765 □
慢性《まんせい》
病気《びょうき》などが治《なお》らず、長引《ながび》くこと。

□ この書類《しょるい》は黒《くろ》（ないし）青《あお》のペンで記入《きにゅう》して下《くだ》さい。

□ （抜《ぬ》き差《さ》しならない）ことになる。

□ 彼《かれ》は（したり顔《かお》）で僕《ぼく》を見《み》た。

□ 寄付《きふ》は（強要《きょうよう》）するものではない。

□ （慢性《まんせい》）的《てき》な頭痛《ずつう》に悩《なや》む。

ことば / いみ

766 □
全《まっと》うする
最後《さいご》までやりとげる。

767 □
不《ふ》摂《せっ》生《せい》
健康《けんこう》に気《き》をつけないこと。

768 □
似《に》ても似《に》つかない
少《すこ》しも似《に》ていない。

769 □
尻《しり》馬《うま》に乗《の》る
考《かんが》えもなくほかの人《ひと》の後《あと》について、軽《かる》はずみなことをする。

770 □
たん能《のう》
あることにすぐれていること。

使い方
（　）の中に当てはまることばを入れよう！

□ 人《ひと》の（**尻《しり》馬《うま》に乗《の》って**）発言《はつげん》したが、いろいろと質問《しつもん》されて困《こま》った。

□ 自《じ》分《ぶん》の任《にん》務《む》を（**全《まっと》うする**）。

□ 彼女《かのじょ》は英語《えいご》が（**たん能《のう》**）だ。

□ （**不《ふ》摂《せっ》生《せい》**）がたたって最近《さいきん》体調《たいちょう》が悪《わる》い。

□ 顔《かお》はそっくりだが、性格《せいかく》は（**似《に》ても似《に》つかない**）姉妹《しまい》だ。

771
身《み》に余《あま》る
自分《じぶん》の値打《ねう》ち以上《いじょう》の評価《ひょうか》。

772
へりくだる
相手《あいて》をうやまって、けんそんする。

773
計《はか》らい
とり扱《あつか》い。

774
拍車《はくしゃ》をかける
さらに力《ちから》を入《い》れて、物事《ものごと》の進《すす》み具合《ぐあい》をはやめる。

775
措置《そち》
何《なに》かが起《お》こった時《とき》、うまくいくようにすること。

- おほめをいただいて、(**身《み》に余《あま》る**)光栄《こうえい》です。
- 適切《てきせつ》な(**措置《そち》**)をとる。
- テストに向《む》けて、勉強《べんきょう》に(**拍車《はくしゃ》をかける**)。
- やたらに(**へりくだる**)人《ひと》。
- 人々《ひとびと》の温《あたた》かい(**計《はか》らい**)で、少年《しょうねん》は立《た》ちなおった。

ことば

いみ

776 □ **裏《うら》付《づ》け**

確《たし》かな証拠《しょうこ》。

777 □ **慎《つつし》み深《ぶか》い**

言葉《ことば》や行《おこな》いがとてもひかえめなようす。

778 □ **収拾《しゅうしゅう》がつく**

乱《みだ》れているものがまとまり、解決《かいけつ》すること。

779 □ **うのみ**

よく理解《りかい》しないままに取《と》り入《い》れること。

780 □ **有数《ゆうすう》**

指《ゆび》で数《かぞ》えることのできるほど少《すく》ないこと。

使い方

(　)の中に当てはまることばを入れよう!

□ 彼女《かのじょ》は(**慎《つつし》み深《ぶか》く**)て上品《じょうひん》な人《ひと》だ。

□ 残《のこ》された指紋《しもん》が犯行《はんこう》の(**裏付《うらづ》け**)になる。

□ 日本《にほん》は世界《せかい》でも(**有数《ゆうすう》**)の火山国《かざんこく》です。

□ 人《ひと》の言《い》うことを(**うのみ**)にしてはいけない。

□ ようやく争《あらそ》いに(**収拾《しゅうしゅう》がついた**)。

発展編

781
気《き》さく

さっぱりとしていて親《した》しみやすいようす。

782
甘《あま》んじる

十分《じゅうぶん》ではなくても満足《まんぞく》する。

783
兼《か》ね合《あ》い

つりあい。

784
逆上《ぎゃくじょう》

かっとなって、わけがわからなくなること。

785
つぶら

丸《まる》くかわいいようす。

- □ 参《さん》加《か》人数《にんずう》と予算《よさん》の（**兼《か》ね合《あ》い**）を考《かんが》える。
- □（**つぶら**）なひとみ。
- □ 今《いま》の成績《せいせき》に（**甘《あま》んじる**）。
- □（**逆上《ぎゃくじょう》**）して暴《あば》れる。
- □ 近所《きんじょ》の（**気《き》さく**）なおばさん。

ことば / いみ

786 □ **利己的《りこてき》**
自分《じぶん》のことばかり考《かんが》えているようす。

787 □ **度肝《どぎも》を抜《ぬ》く**
たいへんびっくりさせる。

788 □ **漫然《まんぜん》**
あてもなくぼんやりしているようす。

789 □ **中傷《ちゅうしょう》**
証拠《しょうこ》のない悪口《わるくち》を言《い》って、人《ひと》を傷《きず》つけること。

790 □ **太刀打《たちう》ちできない**
かなわない。

使い方
（　）の中に当てはまることばを入れよう！

□（**利己的《りこてき》**）な行動《こうどう》は、まわりの人《ひと》が迷惑《めいわく》します。

□（**度肝《どぎも》を抜《ぬ》く**）ような大《だい》ホームラン。

□腕力《わんりょく》では、とても（**太刀打《たちう》ちできない**）。

□（**漫然《まんぜん》**）と日々《ひび》を過《す》ごしている。

□ひどい（**中傷《ちゅうしょう》**）を受《う》ける。

791 □
首《くび》が回《まわ》らない
お金《かね》が足《た》りなくて動《うご》きが取《と》れないようす。

792 □
面《おも》持《も》ち
ある気《き》持《も》ちがあらわれている顔《かお》つき。

793 □
出《で》ばなをくじく
何《なに》かを始《はじ》めようとするやる気《き》をなくさせること。

794 □
過《か》言《ごん》ではない
言《い》いすぎではない。

795 □
ほとぼりがさめる
周《まわ》りからの関《かん》心《しん》がすっかりなくなること。

□ （**ほとぼりがさめる**）のを待《ま》つ。

□ 相《あい》手《て》の（**出《で》ばなをくじく**）。

□ 彼《かれ》の料《りょう》理《り》は日本一《にほんいち》と言《い》っても（**過《か》言《ごん》ではない**）。

□ 少年《しょうねん》は、不安《ふあん》そうな（**面《おも》持《も》ち**）で空《そら》を見《み》上《あ》げた。

□ 借金《しゃっきん》で（**首《くび》が回《まわ》らない**）。

ことば / いみ

796 □
手心《てごころ》をくわえる
手加減《てかげん》をすること。

797 □
見《み》るに見《み》かねる
じっと見《み》ていることができず。

798 □
折衷《せっちゅう》
二《ふた》つ以上《いじょう》のものからよいところをとって、新《あたら》しいものをつくること。

799 □
難航《なんこう》
物事《ものごと》がはかどらないこと。

800 □
あつらえる
たのんで希望《きぼう》どおりに作《つく》らせる。

使い方　（　）の中に当てはまることばを入れよう！

□ 和洋《わよう》（**折衷**《せっちゅう》）の料理《りょうり》。
□ まだ子《こ》どもなので、（**手心**《てごころ》**をくわえる**）。
□ 服を（**あつらえる**）。
□ 話《はな》し合《あ》いが（**難航**《なんこう》）する。
□ 子《こ》どもたちのいたずらを（**見**《み》**るに見**《み》**かねて**）注意《ちゅうい》した。

801
取《と》りざた
人々《ひとびと》が話題《わだい》にすること。

802
煙《けむ》に巻《ま》く
相手《あいて》を驚《おどろ》かせてごまかす。

803
筋金《すじがね》入《い》り
しっかりした考《かんが》えや力《ちから》を持《も》っていること。

804
気《き》が置《お》けない
えんりょせず気軽《きがる》につき合《あ》える。

805
界《かい》わい
あたり。

□ 銀座《ぎんざ》（界《かい》わい）で買《か》い物《もの》をする。

□ 出火《しゅっか》の原因《げんいん》がいろいろ（取《と》りざた）されている。

□ 相手《あいて》を（煙《けむ》に巻《ま》く）。

□ 彼《かれ》は（筋金《すじがね》入《い》り）の職人《しょくにん》だ。

□ （気《き》が置《お》けない）友人《ゆうじん》とのおしゃべりは楽《たの》しい。

ことば / いみ

806 □ **軒《のき》を並《なら》べる**
家《いえ》がたくさん並《なら》んでいる。

807 □ **つつましい**
えんりょ深《ぶか》く、つつしみ深《ぶか》い。

808 □ **おざなり**
その場《ば》かぎりのいいかげんなこと。

809 □ **板《いた》につく**
職業《しょくぎょう》などがその人《ひと》にしっくり合《あ》っていること。

810 □ **かたずをのむ**
緊張《きんちょう》して見《み》守《まも》るようす。

使い方
（　）の中に当てはまることばを入れよう！

□包丁《ほうちょう》さばきが（**板《いた》について**）いる。

□彼女《かのじょ》の（**つつましい**）態度《たいど》に感心《かんしん》する。

□（**おざなり**）な計画《けいかく》。

□駅前《えきまえ》には飲食店《いんしょくてん》が（**軒《のき》を並《なら》べて**）いる。

□（**かたずをのんで**）試合《しあい》を観戦《かんせん》する。

発展編

811
まがい物《もの》
にせ物《もの》。

812
潔癖《けっぺき》
きたないことや間違《まちが》ったことをきらう性質《せいしつ》。

813
火《ひ》の車《くるま》
暮《く》らしが非常《ひじょう》に苦《くる》しいようす。

814
規《き》範《はん》
判断《はんだん》するときや行動《こうどう》するときの手本《てほん》。

815
さもしい
心《こころ》がいやしい。

□ 不景気《ふけいき》で我《わ》が家《や》は（**火《ひ》の車《くるま》**）だ。

□（**まがい物《もの》**）の宝石《ほうせき》。

□ 社会生活《しゃかいせいかつ》をする上《うえ》での（**規《き》範《はん》**）。

□ お金《かね》のためなら何《なん》でもしようなんて、（**さもしい**）心《こころ》を起《お》こすな。

□ 父《ちち》は（**潔癖《けっぺき》**）な人《ひと》だ。

ことば / いみ

816 □ **見聞《けんぶん》**
見《み》たり聞《き》いたりすること。

817 □ **提携《ていけい》**
いっしょに何《なに》かを行《おこな》うこと。

818 □ **手《て》玉《だま》に取《と》る**
相手《あいて》を思《おも》うままにあやつる。

819 □ **取《と》り繕《つくろ》う**
ごまかしてわからないようにする。

820 □ **理《り》不《ふ》尽《じん》**
理屈《りくつ》に合《あ》わない、むちゃなこと。

使い方

（　）の中に当てはまることばを入れよう！

□ あの人《ひと》は（**理《り》不《ふ》尽《じん》**）なことばかり言《い》うなあ。

□ 人《ひと》を（**手《て》玉《だま》に取《と》って**）だます。

□ その場《ば》を（**取《と》り繕《つくろ》う**）。

□ 外国《がいこく》の会社《かいしゃ》と（**提携《ていけい》**）する。

□ 旅《たび》に出《で》て（**見聞《けんぶん》**）を広《ひろ》める。

821 抽象的《ちゅうしょうてき》

具体的《ぐたいてき》でなく、はっきりしないこと。

822 打算《ださん》

すぐに損《そん》か得《とく》かばかりを考《かんが》えること。

823 混《こん》とん

入《い》りまじって区別《くべつ》がはっきりしないようす。

824 穏便《おんびん》

おだやかなようす。

825 疎《うと》い

よく知《し》らない。

□ 話《はなし》は（**穏便《おんびん》**）にまとまった。

□ 僕《ぼく》は外国語《がいこくご》に（**疎《うと》い**）。

□ 勝敗《しょうはい》のゆくえは（**混《こん》とん**）としてわからない。

□ 彼《かれ》は（**打算《ださん》**）的《てき》な人《ひと》だ。

□ 話《はなし》が（**抽象的《ちゅうしょうてき》**）でよくわからない。

826 □ ことば
頭《あたま》をひねる
いみ
一生懸命《いっしょうけんめい》に考《かんが》える。

827 □
復旧《ふっきゅう》
もと通《どお》りになること。

828 □
自前《じまえ》
費用《ひよう》を自分《じぶん》で出《だ》すこと。

829 □
野放図《のほうず》
しまりがなく、だらしないようす。

830 □
余儀《よぎ》ない
他《ほか》にとる方法《ほうほう》がない。やむをえない。

使い方
（　）の中に当てはまることばを入れよう！

□ 食事代《しょくじだい》は（**自前《じまえ》**）だそうだ。

□ 鉄道《てつどう》の（**復旧《ふっきゅう》**）工事《こうじ》が行《おこな》われている。

□ 試合《しあい》の中止《ちゅうし》を（**余儀《よぎ》なく**）された。

□ （**野放図《のほうず》**）にお金《かね》を使《つか》う。

□ みんなで（**頭《あたま》をひねった**）が良《よ》い案《あん》は出《で》なかった。

831 □
とうに
ずっと前《まえ》に。

832 □
おもむろに
静《しず》かに、ゆっくりと。
徐々《じょじょ》に。

833 □
趣《しゅ》向《こう》をこらす
物事《ものごと》をおもしろくするためのくふうをする。

834 □
歯《は》の根《ね》が合《あ》わない
寒《さむ》さや恐怖《きょうふ》でふるえること。

835 □
破《は》棄《き》
やぶりすてること。

□ 父《ちち》は（**とうに**）起《お》きて出《で》かけた。

□ （**趣《しゅ》向《こう》をこらした**）お誕生《たんじょう》会《かい》。

□ 不《ふ》要《よう》な書類《しょるい》を（**破《は》棄《き》**）する。

□ 彼《かれ》は（**おもむろに**）話《はな》し始《はじ》めた。

□ あまりのショックで（**歯《は》の根《ね》が合《あ》わない**）。

発展編

ことば／いみ

836 □ **徒労《とろう》**
何《なん》にもならない苦労《くろう》。

837 □ **回避《かいひ》**
よけること。

838 □ **肝《きも》をつぶす**
こわくてびっくりする。

839 □ **群《ぐん》を抜《ぬ》く**
大勢《おおぜい》の中《なか》で、ずばぬけて優《すぐ》れている。

840 □ **転嫁《てんか》**
責任《せきにん》などを他人《たにん》に押《お》しつけること。

使い方
（　）の中に当てはまることばを入れよう！

□せっかく努力《どりょく》したが（**徒労《とろう》**）に終《お》わった。

□兄《あに》は高校《こうこう》を（**群《ぐん》を抜《ぬ》いた**）成績《せいせき》で卒業《そつぎょう》した。

□急《きゅう》に蛇《へび》が出《で》てきて（**肝《きも》をつぶした**）。

□交通渋滞《こうつうじゅうたい》を（**回避《かいひ》**）して横《よこ》道《みち》に入《はい》る。

□他人《たにん》に責任《せきにん》を（**転嫁《てんか》**）する。

841 □
雲《くも》をつかむような
ぼうっとしていてつかまえどころのないようす。

842 □
みだりに
むやみに。やたらに。

843 □
横行《おうこう》
よくないことがさかんに行《おこな》われること。

844 □
意表《いひょう》をつく
人《ひと》が思《おも》ってもいないやり方《かた》をする。

845 □
更生《こうせい》
反省《はんせい》して、生活態度《せいかつたいど》を改《あらた》めること。

□ その人《ひと》は悪《あく》の道《みち》から（**更生《こうせい》**）した。

□ 暴力《ぼうりょく》の（**横行《おうこう》**）は許《ゆる》してはならない。

□ （**意表《いひょう》をつく**）作戦《さくせん》。

□ まるで（**雲《くも》をつかむような**）話《はなし》だ。

□ （**みだりに**）口《くち》を出《だ》さないでください。

ことば

846 □ **物色《ぶっしょく》**

847 □ **腹《はら》を探《さぐ》られる**

848 □ **後天的《こうてんてき》**

849 □ **悲願《ひがん》**

850 □ **もっての外《ほか》**

いみ

846 多《おお》くの中《なか》から、ちょうど良《よ》い物《もの》を探《さが》し出《だ》すこと。

847 悪《わる》いことをしていないのに疑《うたが》われること。

848 生《う》まれつきではなく、のちに身《み》につくこと。

849 心《こころ》からの願《ねが》い。

850 けしからんこと。

使い方

（　）の中に当てはまることばを入れよう！

□ 売店《ばいてん》でみやげ物《もの》を（**物色《ぶっしょく》**）する。

□ 痛《いた》くもない（**腹《はら》を探《さぐ》られ**）ないようにしましょう。

□ その病気《びょうき》は（**後天的《こうてんてき》**）なものだ。

□ 優勝《ゆうしょう》の（**悲願《ひがん》**）がかなった。

□ 友達《ともだち》を裏切《うらぎ》るなんて（**もっての外《ほか》**）だ。

851 じだんだを踏《ふ》む

たいへんにくやしがっているようす。

852 居《い》直《なお》る

急《きゅう》に態度《たいど》をかえて、相手《あいて》をおどす。

853 片手間《かたてま》

主《おも》な仕事《しごと》の合間《あいま》。

854 出来合《できあ》い

売《う》るために、すでに出来《でき》上《あ》がっていること。

855 ざん新《しん》

今《いま》までにないほど、ひときわ目立《めだ》つようす。

- [ ] 弟《おとうと》はおもちゃを買《か》ってもらえなくて、(**じだんだを踏《ふ》んだ**)。
- [ ] (**ざん新《しん》**)なデザインの服《ふく》。
- [ ] (**出来合《できあ》い**)の洋服《ようふく》。
- [ ] 押《お》し売《う》りを断《ことわ》ったら、(**居《い》直《なお》られた**)。
- [ ] 母《はは》は家事《かじ》の(**片手間《かたてま》**)に書《しょ》道《どう》を教《おし》えている。

ことば

856 因果《いんが》

原因《げんいん》と結果《けっか》。

857 途上《とじょう》

目的《もくてき》に向《む》かっている途中《とちゅう》。

858 ぺてん師《し》

人《ひと》をだます人《ひと》。

859 おぼつかない

確《たし》かでない。しっかりしない。

860 取《と》りなす

じょうずに扱《あつか》って、うまくおさめる。

いみ

使い方 （　）の中に当てはまることばを入れよう！

- あいつは（**ぺてん師《し》**）だ。
- （**因果《いんが》**）関係《かんけい》を明《あき》らかにする。
- けんかした二人《ふたり》の間《あいだ》を（**取《と》りなす**）。
- 発展《はってん》（**途上《とじょう》**）国《こく》。
- あたりは暗《くら》くて足《あし》もとが（**おぼつかない**）。

861 □
付《つ》け焼《や》き刃《ば》
その場《ば》をごまかすためにに急《いそ》いでおぼえたこと。

862 □
軍配《ぐんばい》を上《あ》げる
二人《ふたり》のうちの一方《いっぽう》を勝《か》ちと判断《はんだん》する。

863 □
らく印《いん》を押《お》す
消《け》すことのできない悪《わる》い評判《ひょうばん》をたてる。

864 □
無尽蔵《むじんぞう》
いくらとってもなくならないこと。

865 □
波乱《はらん》
はげしい変化《へんか》があること。

□ 不良《ふりょう》の（**らく印《いん》を押《お》さ**）れてしまった。

□ どちらに（**軍配《ぐんばい》を上《あ》げる**）か迷《まよ》う。

□ 資源《しげん》は（**無尽蔵《むじんぞう》**）ではありません。

□ （**付《つ》け焼《や》き刃《ば》**）の勉強《べんきょう》では歯《は》が立《た》たない。

□ （**波乱《はらん》**）の人生《じんせい》。

ことば

866 □ 草分《くさわ》け

867 □ 猫《ねこ》をかぶる

868 □ 長者《ちょうじゃ》

869 □ 端的《たんてき》

870 □ 心持《こころも》ち

いみ

866 重要《じゅうよう》な物事《ものごと》を初《はじ》めて行《おこな》うこと。

867 おとなしそうに見《み》せかける。

868 大金持《おおがねも》ちで、豊《ゆた》かな暮《く》らしをしている人《ひと》。

869 はっきりと手《て》っ取《と》り早《ばや》いようす。

870 ほんの少《すこ》し。

使い方 （　）の中に当てはまることばを入れよう！

□ （**心持《こころも》ち**）大《おお》きいくつを買《か》った。

□ （**端的《たんてき》**）に説明《せつめい》して下《くだ》さい。

□ （**長者《ちょうじゃ》**）番付《ばんづけ》は非公表《ひこうひょう》となった。

□ おじは電子工学《でんしこうがく》の（**草分《くさわ》け**）の一人《ひとり》だ。

□ 人《ひと》の前《まえ》では（**猫《ねこ》をかぶる**）。

871 □

律儀《りちぎ》

行《おこな》いや礼儀《れいぎ》などをきちんと守《まも》るようす。

872 □

寝耳《ねみみ》に水《みず》

突然《とつぜん》の出来事《できごと》に驚《おどろ》くこと。

873 □

せきを切《き》ったよう

おさえていたものが一気《いっき》に外《そと》に出《で》るようす。

874 □

熱《ねつ》を上《あ》げる

たいへん夢中《むちゅう》になること。

875 □

重複《ちょうふく》（じゅうふく）

同《おな》じことが重《かさ》なること。

□ そんな話《はなし》は（**寝耳《ねみみ》に水《みず》**）だ。

□ 弟《おとうと》は帰宅《きたく》したとたん、（**せきを切《き》ったよう**）に泣《な》き出《だ》した。

□ 話《はなし》が（**重複《ちょうふく》**）（じゅうふく）している。

□ 祖父《そふ》は（**律儀《りちぎ》**）な人《ひと》だ。

□ 父《ちち》は最近《さいきん》ゴルフに（**熱《ねつ》を上《あ》げて**）いる。

ことば

876 □ 本分《ほんぶん》

いみ

その人《ひと》が当然《とうぜん》しなければならない務《つと》め。

877 □ 筆《ふで》が立《た》つ

文章《ぶんしょう》を書《か》くのが上手《じょうず》なこと。

878 □ 歯《は》がゆい

思《おも》うようにならずいらだつようす。

879 □ 折《お》り入《い》って

特別《とくべつ》に何《なに》かを頼《たの》み込《こ》むときのことば。

880 □ よこしま

正《ただ》しくないこと。

使い方

（　）の中に当てはまることばを入れよう！

□ 学生《がくせい》の（**本分**《ほんぶん》）は勉強《べんきょう》だと父母《ふぼ》は言《い》う。

□ 弟《おとうと》の行動《こうどう》は見《み》ていて（**歯**《は》**がゆい**）。

□ （**よこしま**）な考《かんが》えを持《も》つ。

□ 母《はは》はとても（**筆**《ふで》**が立**《た》**つ**）。

□ （**折**《お》**り入**《い》**って**）あなたにお願《ねが》いがあります。

881 融合《ゆうごう》

二《ふた》つ以上《いじょう》の物《もの》がとけあって一《ひと》つになること。

882 生半可《なまはんか》

中途半端《ちゅうとはんぱ》なこと。

883 骨子《こっし》

物事《ものごと》を形《かたち》づくっている大《たい》切《せつ》な部分《ぶぶん》、要点《ようてん》。

884 無下《むげ》に

むやみに。

885 奨励《しょうれい》

良《よ》いことだからと、行《おこな》うようにすすめること。

- 東西文化《とうざいぶんか》の(融合《ゆうごう》)による新《あたら》しい文化《ぶんか》。
- 市《し》で献血《けんけつ》を(奨励《しょうれい》)する。
- 計画《けいかく》の(骨子《こっし》)を説明《せつめい》してください。
- 親友《しんゆう》のたのみは(無下《むげ》に)断《ことわ》れない。
- (生半可《なまはんか》)な知識《ちしき》で知《し》ったかぶりをするな。

ことば / いみ

886 □
尻《しり》をぬぐう
人《ひと》の失敗《しっぱい》の後始末《あとしまつ》をすること。

887 □
結《けっ》託《たく》
力《ちから》を合《あ》わせて悪《わる》いことをすること。

888 □
面《おも》影《かげ》
顔《かお》つき。

889 □
高《たか》が知《し》れている
たいしたことはない。

890 □
能《のう》動《どう》的《てき》
自分《じぶん》から進《すす》んではたらきかけるようす。

使い方
（　）の中に当てはまることばを入れよう！

□ 達人《たつじん》といっても（**高《たか》が知《し》れている**）。
□ 弟《おとうと》の失敗《しっぱい》の（**尻《しり》をぬぐう**）。
□ 弟《おとうと》の目《め》もとには父《ちち》の（**面《おも》影《かげ》**）がある。
□ 勉強《べんきょう》は（**能《のう》動《どう》的《てき》**）にやるべきだ。
□ 仲間《なかま》と（**結《けっ》託《たく》**）して不正《ふせい》を行《おこな》う。

891 あけすけ

かくさないようす。

892 意図《いと》

何《なに》かをしようとする目的《もくてき》や考《かんが》え。

893 誇張《こちょう》

おおげさに表現《ひょうげん》すること。

894 魔《ま》がさす

ふと悪《わる》い心《こころ》を起《お》こす。

895 希少《きしょう》

数《かず》が少《すく》なく、めずらしいこと。

□ 計画《けいかく》の（**意図**《いと》）がよくわからない。

□ 彼女《かのじょ》は（**あけすけ**）にものを言《い》う。

□ ふと（**魔**《ま》**がさして**）人《ひと》の物《もの》に手《て》を出《だ》してしまった。

□ 小《ちい》さな事件《じけん》を（**誇張**《こちょう》）して話《はな》すな。

□ これはたいへん（**希少**《きしょう》）な宝石《ほうせき》です。

ことば／いみ

896 □ **先天的《せんてんてき》**
生《う》まれつき。

897 □ **同調《どうちょう》**
他《ほか》の人《ひと》の考《かんが》えと同《おな》じになること。

898 □ **臨《のぞ》む**
目《め》の前《まえ》にする。

899 □ **中座《ちゅうざ》**
会《かい》などの途中《とちゅう》で席《せき》を立《た》つこと。

900 □ **腹《はら》にすえかねる**
怒《いか》りをこらえることができない。

使い方
（　）の中に当てはまることばを入れよう！

□ 急用《きゅうよう》で会議《かいぎ》を（**中座《ちゅうざ》**）する。
□ 母《はは》の手先《てさき》の器用《きよう》さは（**先《せん》天的《てんてき》**）なものだ。
□ 姉《あね》の意見《いけん》に（**同調《どうちょう》**）する。
□ 海《うみ》に（**臨《のぞ》む**）ホテル。
□ 彼《かれ》の失礼《しつれい》な態度《たいど》は（**腹《はら》にすえかねる**）。

901 □

生計《せいけい》を立《た》てる

暮《く》らしていくこと。

902 □

てん末《まつ》

物事《ものごと》のはじめから終《お》わりまでのいきさつ。

903 □

画一的《かくいってき》

特色《とくしょく》や個性《こせい》のないようす。

904 □

追《お》い追《お》い

順《じゅん》を追《お》って。だんだん。

905 □

風当《かぜあ》たりが強《つよ》い

人々《ひとびと》から悪《わる》く言《い》われること。

□ (**画一的**《かくいってき》)な内容《ないよう》の作文《さくぶん》。

□ 事件《じけん》の(**てん末**《まつ》)。

□ 負《ま》けた選手《せんしゅ》に世間《せけん》の(**風**《かぜ》**当**《あ》**たりが強**《つよ》**い**)。

□ (**追**《お》**い追**《お》**い**)話《はな》して聞《き》かせます。

□ 物価《ぶっか》が高《たか》く(**生計**《せいけい》**を立**《た》**てる**)のが大変《たいへん》だ。

ことば

906 目《め》からうろこが落《お》ちる

いみ

わからなかったことが、急《きゅう》によくわかるようになる。

907 必至《ひっし》

必《かなら》ずそうなること。

908 この方《かた》

以来《いらい》。

909 身《み》から出《で》たさび

悪《わる》い行《おこな》いのために、自分《じぶん》が苦《くる》しむようになること。

910 たわわ

重《おも》さのために枝《えだ》などが曲《ま》がっているようす。

使い方 （　）の中に当てはまることばを入れよう！

□ （**身《み》から出《で》たさび**）としか言《い》いようがない結果《けっか》。

□ （**目《め》からうろこが落《お》ちる**）ような経験《けいけん》。

□ 卒業《そつぎょう》（**この方《かた》**）一度《いちど》も彼女《かのじょ》には会《あ》っていない。

□ 柿《かき》が（**たわわ**）に実《みの》っている。

□ 天候不順《てんこうふじゅん》で野菜《やさい》の値上《ねあ》がりは（**必至《ひっし》**）だ。

発展編

911 □
高飛車《たかびしゃ》
相手《あいて》を押《お》さえつけるような態度《たいど》をとるようす。

912 □
周到《しゅうとう》
よく行《ゆ》き届《とど》いているようす。

913 □
弱冠《じゃっかん》
年《とし》が若《わか》いこと。

914 □
無《む》とん着《じゃく》
物事《ものごと》を気《き》にしないこと。

915 □
意《い》を決《けっ》する
決意《けつい》すること。

□ 彼《かれ》は（**弱冠**《じゃっかん》）十八歳《じゅうはっさい》で店《みせ》を持《も》った。

□ （**意**《い》**を決**《けっ》**して**）反対意見《はんたいいけん》を述《の》べた。

□ 姉《あね》は服装《ふくそう》には（**無**《む》**とん着**《じゃく》）だ。

□ （**周到**《しゅうとう》）な計画《けいかく》をたてる。

□ 口出《くちだ》しをするなと（**高飛車**《たかびしゃ》）に言《い》われた。

ことば / いみ

916 □ **抑圧《よくあつ》**
気持《きも》ちや行《おこな》いを押《お》さえつけること。

917 □ **普及《ふきゅう》**
広《ひろ》く行《ゆ》きわたること。

918 □ **強行《きょうこう》**
無理《むり》に行《おこな》うこと。

919 □ **鼻持《はなも》ちならない**
人《ひと》のすることや言《い》うことががまんできない。

920 □ **生前《せいぜん》**
この世《よ》に生《い》きていた間《あいだ》。

使い方　（　）の中に当てはまることばを入れよう！

□ 雨《あめ》の中《なか》、試合《しあい》を（**強行《きょうこう》**）した。

□ 家庭《かてい》にパソコンが（**普及《ふきゅう》**）した。

□ 言論《げんろん》が（**抑圧《よくあつ》**）されてしまう。

□ あいつは自慢話《じまんばなし》ばかりで、（**鼻持《はなも》ちならない**）。

□ これは（**生前《せいぜん》**）父《ちち》が大切《たいせつ》にしていたものです。

921 □
架空《かくう》
実際《じっさい》にはないことを想像《そうぞう》でつくること。

922 □
頭《あたま》が下《さ》がる
尊敬《そんけい》の気《き》持《も》ちを持《も》つこと。

923 □
無骨《ぶこつ》
ごつごつしてあらあらしいようす。

924 □
虚構《きょこう》
事実《じじつ》でないことを本当《ほんとう》のように作《つく》ること。

925 □
宵《よい》の口《くち》
日《ひ》が沈《しず》んですぐの頃《ころ》。

□あの方《かた》の行《おこな》いには（**頭《あたま》が下《さ》がる**）。

□（**架空《かくう》**）の人物《じんぶつ》。

□祭《まつ》りは（**宵《よい》の口《くち》**）から人出《ひとで》が多《おお》くなる。

□父《ちち》の（**無骨《ぶこつ》**）な手《て》。

□その説明《せつめい》は（**虚構《きょこう》**）だらけだ。

ことば

926 □
手《て》を替《か》え品《しな》を替《か》え

927 □
手《て》持《も》ちぶさた

928 □
若干《じゃっかん》

929 □
裏打《うらう》ち

930 □
血迷《ちまよ》う

いみ

926 いろいろなやり方《かた》で。

927 何《なに》もすることがなくて、たいくつなこと。

928 少《すこ》し。

929 物事《ものごと》をいっそう確《たし》かにすること。

930 落《お》ち着《つ》きをなくして、わけがわからなくなる。

使い方
（　）の中に当てはまることばを入れよう！

□（**手**《て》**を替**《か》**え品**《しな》**を替**《か》**え**）赤《あか》ちゃんをあやす。

□時間《じかん》が余《あま》ってしまい、（**手**《て》**持**《も》**ちぶさた**）だ。

□（**血迷**《ちまよ》**った**）犯人《はんにん》は次々《つぎつぎ》と犯行《はんこう》を重《かさ》ねていった。

□理論《りろん》を実験《じっけん》で（**裏打**《うらう》**ち**）する。

□（**若干**《じゃっかん》）の疑問《ぎもん》が残《のこ》った。

931 □
もったいぶる

おおげさにふるまう。

932 □
暗示《あんじ》

知《し》らないうちに、あることを思《おも》い込《こ》ませること。

933 □
洗練《せんれん》

上品《じょうひん》ですっきりしたようす。

934 □
持《も》ち回《まわ》り

仕事《しごと》などをみんなで順《じゅん》に受《う》け持《も》つこと。

935 □
異色《いしょく》

特別《とくべつ》に変《か》わっているようす。

□ 人《ひと》に（**暗示**《あんじ》）をかける。

□ 彼《かれ》は仲間内《なかまうち》でも（**異色**《いしょく》）の存在《そんざい》だ。

□ そうじ当番《とうばん》は（**持ち回り**《もちまわ》）とします。

□ （**洗練**《せんれん》）された服装《ふくそう》。

□ （**もったいぶった**）態度《たいど》をとる。

ことば / いみ

936 □ **筋《すじ》向《む》かい**

ななめに向《む》かい合《あ》っていること。

937 □ **良識《りょうしき》**

物事《ものごと》を正《ただ》しく判断《はんだん》する力《ちから》。

938 □ **道《みち》すがら**

行《い》く途中《とちゅう》で。

939 □ **二《に》の舞《まい》**

他《ほか》の人《ひと》と同《おな》じ失敗《しっぱい》をすること。

940 □ **お株《かぶ》をうばう**

ある人《ひと》が得意《とくい》とすることを、他《ほか》の人《ひと》がうまくやってのける。

使い方 （　）の中に当てはまることばを入れよう！

□ 銀行《ぎんこう》の（**筋向《すじむ》かい**）にバス停《てい》がある。

□ （**良識《りょうしき》**）ある態度《たいど》で話《はな》し合《あ》いに臨《のぞ》む。

□ 池《いけ》に落《お》ちるとは、兄《あに》の（**二《に》の舞《まい》**）を演《えん》じてしまった。

□ （**道《みち》すがら**）友人《ゆうじん》の話《はなし》を聞《き》いた。

□ 弟《おとうと》はぼくの（**お株《かぶ》をうばう**）ほど水泳《すいえい》が上達《じょうたつ》した。

941 □

いぶかる

あやしく思《おも》う。

942 □

拠点《きょてん》

活動《かつどう》のもととなる所《ところ》。

943 □

盾《たて》に取《と》る

自分《じぶん》を守《まも》るためにあることを理由《りゆう》にする。

944 □

血相《けっそう》を変《か》える

怒《いか》りや心配《しんぱい》などのために、急《きゅう》に顔色《かおいろ》を変《か》える。

945 □

のべつ幕《まく》なし

休《やす》む間《ま》もなく。

□日本《にほん》の南極観察《なんきょくかんさつ》は昭和基地《しょうわきち》を(**拠点**《きょてん》)としていた。

□(**いぶかる**)ような目《め》で見《み》る。

□母《はは》は(**血相**《けっそう》**を変**《か》**えて**)飛《と》び出《だ》して行《い》った。

□妹《いもうと》は、(**のべつ幕**《まく》**なし**)にしかられている。

□法律《ほうりつ》を(**盾**《たて》**に取**《と》**って**)権利《けんり》を主張《しゅちょう》する。

ことば / いみ

946 □ **目《め》が利《き》く**
物《もの》のよい悪《わる》いを見分《みわ》けることができる。

947 □ **順応《じゅんのう》**
まわりの環境《かんきょう》に合《あ》うようにすること。

948 □ **触《ふ》れ込《こ》み**
前《まえ》もっておおげさに言《い》いふらすこと。

949 □ **由緒《ゆいしょ》**
立派《りっぱ》な歴史《れきし》。

950 □ **有《う》無《む》を言《い》わせず**
あれこれと言《い》わせず、無《む》理矢理《りやり》に。

使い方 （　）の中に当てはまることばを入れよう！

□これは（**由緒**《ゆいしょ》）ある建物《たてもの》です。
□祖父《そふ》は、絵画《かいが》に対《たい》して（**目**《め》**が利**《き》**く**）人《ひと》だ。
□はげしい気温《きおん》の変化《へんか》に体《からだ》が（**順応**《じゅんのう》）できない。
□（**有**《う》**無**《む》**を言**《い》**わせず**）仕事《しごと》を引《ひ》き受《う》けさせる。
□はでな（**触**《ふ》**れ込**《こ》**み**）で商品《しょうひん》を売《う》り出《だ》す。

951 □
抜粋《ばっすい》
すぐれた部分《ぶぶん》や必要《ひつよう》なところを抜《ぬ》き出《だ》すこと。

952 □
胸《むね》をなで下《お》ろす
安心《あんしん》すること。

953 □
俗《ぞく》に
世《よ》の中《なか》で一般《いっぱん》に。

954 □
つたない
へただ。

955 □
分別《ふんべつ》
物事《ものごと》の善《よ》い悪《わる》いを理解《りかい》し、わきまえること。

□この文章《ぶんしょう》は有名《ゆうめい》な物語《ものがたり》の（**抜粋《ばっすい》**）です。

□普通列車《ふつうれっしゃ》のことを（**俗《ぞく》に**）鈍行《どんこう》という。

□もう（**分別《ふんべつ》**）がつく年頃《としごろ》のはずだ。

□父《ちち》が無事《ぶじ》だとわかって、（**胸《むね》をなで下《お》ろした**）。

□（**つたない**）文章《ぶんしょう》ですみません。

ことば

956 せんさく

957 屈指《くっし》

958 手《て》を尽《つ》くす

959 身《み》をもって

960 余波《よは》

いみ

956 細《こま》かいことまで知《し》ろうとすること。

957 ずば抜《ぬ》けてすぐれていること。

958 できるかぎりのことをする。

959 自分自身《じぶんじしん》で。

960 あることが終《お》わった後《あと》にまだ残《のこ》る影響《えいきょう》。

使い方

（　）の中に当てはまることばを入れよう！

□ 大会《たいかい》（**屈指《くっし》**）の名投手《めいとうしゅ》と対戦《たいせん》する。

□ きつい仕事《しごと》を（**身《み》をもって**）体験《たいけん》する。

□ 人《ひと》のことをあまり（**せんさく**）するものではない。

□ 戦争《せんそう》の（**余波《よは》**）で物価《ぶっか》が上《あ》がった。

□ 計画《けいかく》の成功《せいこう》のために、みな（**手《て》を尽《つ》くした**）。

961 □
つかさどる
役目《やくめ》として、その仕事《しごと》を受《う》け持《も》つ。

962 □
効用《こうよう》
ききめ。はたらき。

963 □
安《あん》ど
物事《ものごと》がうまくいって安心《あんしん》すること。

964 □
肝《きも》に銘《めい》じる
深《ふか》く心《こころ》にきざみこんで忘《わす》れない。

965 □
心《こころ》もとない
たよりなくて心配《しんぱい》である。

□ 妹《いもうと》を一人《ひとり》で留守番《るすばん》させるのは（**心《こころ》もとない**）。

□ この薬《くすり》にはせきをしずめる（**効用《こうよう》**）がある。

□ 記念式典《きねんしきてん》の進行《しんこう》を（**つかさどる**）。

□ その知《し》らせを聞《き》いて（**安《あん》ど**）した。

□ 両親《りょうしん》の忠告《ちゅうこく》を（**肝《きも》に銘《めい》じる**）。

ことば

966 疎《そ》遠《えん》

いみ

遠《とお》ざかっていること。

967 あげ足《あし》を取《と》る

人《ひと》の言葉《ことば》のおかしなところを指摘《してき》して困《こま》らせる。

968 悪《あく》循《じゅん》環《かん》

悪《わる》い影響《えいきょう》を及《およ》ぼしあい、どんどん悪《わる》くなること。

969 いじらしい

いたいたしく、かわいそうだ。

970 軌《き》道《どう》にのる

仕事《しごと》などがうまくいくようになること。

使い方
（　）の中に当てはまることばを入れよう！

- 悲《かな》しみをこらえている姿《すがた》が何《なん》とも（**いじらしい**）。
- 体調《たいちょう》が悪《わる》いから食事《しょくじ》をしないのは（**悪循環**《あくじゅんかん》）だ。
- 人《ひと》の（**あげ足《あし》を取《と》る**）。
- ようやく事業《じぎょう》が（**軌《き》道《どう》にのって**）きた。
- （**疎《そ》遠《えん》**）になっていた友《とも》だちと久《ひさ》しぶりに会《あ》った。

971 □
ともあれ
とにかく。

972 □
あからさま
隠《かく》そうともしないようす。ありのまま。

973 □
破格《はかく》
普通《ふつう》ではないこと。

974 □
画期的《かっきてき》
今《いま》までになく、すぐれているようす。

975 □
興《きょう》ざめ
おもしろみがなくなってしまうこと。

□ 司会者《しかいしゃ》の発言《はつげん》に、参加者《さんかしゃ》はすっかり（**興《きょう》ざめ**）した。

□ 彼女《かのじょ》は（**あからさま**）にいやな顔《かお》をした。

□ （**ともあれ**）無事《ぶじ》で何《なに》よりでした。

□ （**画期的《かっきてき》**）な発明《はつめい》。

□ テレビが（**破格《はかく》**）の値段《ねだん》で売《う》られている。

ことば / いみ

976 □ **小《こ》手《て》調《しら》べ**
物事《ものごと》を始《はじ》める前《まえ》に、ちょっと試《ため》してみること。
977 □ **憤《いきどお》り**
腹《はら》を立《た》てること。
978 □ **えてして**
そうなりやすいこと。
979 □ **悠《ゆう》長《ちょう》**
のんびりしていること。
980 □ **不《ふ》可《か》欠《けつ》**
どうしてもなくてはならないこと。

使い方

（　）の中に当てはまることばを入れよう！

- □ 勝《か》つためには努《ど》力《りょく》が（**不《ふ》可《か》欠《けつ》**）だ。
- □ 近《ちか》ごろの世《よ》の乱《みだ》れに（**憤《いきどお》り**）を感《かん》じる。
- □ （**えてして**）人《ひと》は自《じ》分《ぶん》にはあまいものだ。
- □ そんな（**悠長《ゆうちょう》**）なことを言《い》っている場《ば》合《あい》ではない。
- □ （**小《こ》手《て》調《しら》べ**）に、まず簡単《かんたん》な問題《もんだい》で練習《れんしゅう》する。

981 □
繰《く》り合《あ》わせる
なんとか都合《つごう》をつける。

982 □
手《て》もなく
簡単《かんたん》に。

983 □
横《よこ》やりを入《い》れる
他人《たにん》の話《はなし》や仕事《しごと》にわきから口《くち》を出《だ》して、文句《もんく》をつける。

984 □
ふに落《お》ちない
納得《なっとく》できない。

985 □
切《せつ》に
心《こころ》から。

□ 友達《ともだち》と海《うみ》へ行《い》く計画《けいかく》に父《ちち》が（**横《よこ》やりを入《い》れた**）。

□ パーティーには（**繰《く》り合《あ》わせて**）出席《しゅっせき》します。

□ 彼《かれ》はその仕事《しごと》を（**手《て》もなく**）やってのけた。

□ 世界《せかい》の平和《へいわ》を（**切《せつ》に**）願《ねが》う。

□ 何度《なんど》聞《き》いても、（**ふに落《お》ちない**）。

ことば

986 つわもの

987 虫《むし》が好《す》かない

988 故《こ》意《い》

989 案《あん》じる

990 こぞって

いみ

986 いさましい人《ひと》。強《つよ》い人《ひと》。

987 何《なん》となく好《す》きでない。

988 わざとすること。

989 心配《しんぱい》する。

990 一人残《ひとりのこ》らず。

使い方

（　）の中に当てはまることばを入れよう！

□ （**故《こ》意《い》**）にしたのではない。

□ あの人《ひと》はどうも（**虫《むし》が好《す》かない**）。

□ 相手《あいて》のチームは（**つわもの**）ぞろいだ。

□ 一家《いっか》（**こぞって**）出《で》かける。

□ 病気《びょうき》の祖母《そぼ》を（**案《あん》じる**）。

発展編

991 □
決行《けっこう》
思《おも》い切《き》って行《おこな》うこと。

992 □
水臭《みずくさ》い
親《した》しい間柄《あいだがら》なのに、よそよそしい。

993 □
差《さ》し障《さわ》り
具合《ぐあい》の悪《わる》いこと。

994 □
免疫《めんえき》
同《おな》じことを経験《けいけん》し、それに慣《な》れてしまうこと。

995 □
しっぽを出《だ》す
かくしごとが見《み》つかってしまう。

□ 急《きゅう》に（**差《さ》し障《さわ》り**）ができて、約束《やくそく》の時間《じかん》に遅《おく》れた。
□ 親友《しんゆう》なのに隠《かく》すなんて（**水《みず》臭《くさ》い**）よ。
□ 雨天《うてん》（**決行《けっこう》**）です。
□ 犯人《はんにん》がついに（**しっぽを出《だ》した**）。
□ わさびの辛《から》さに（**免疫《めんえき》**）がつく。

ことば

996 □ 紋切り型《もんきりがた》

997 □ 細心《さいしん》

998 □ おこがましい

999 □ 当《あ》てこすり

1000 □ 蛇足《だそく》

いみ

996 決《き》まりきった型《かた》どおりのやり方《かた》。

997 細《こま》かいところまで気《き》をつけること。

998 でしゃばりでなまいきだ。

999 相手《あいて》のいやがることをそれとなく言《い》うこと。

1000 付《つ》け加《くわ》えられた余計《よけい》なもの。

使い方

（　）の中に当てはまることばを入れよう！

□ （**紋切り型**《もんきりがた》）のあいさつをする。

□ （**蛇足**《だそく》）ながら、もう一言《ひとこと》付《つ》け加《くわ》えます。

□ （**細心**《さいしん》）の注意《ちゅうい》をはらってください。

□ 反対《はんたい》の意見《いけん》の人《ひと》たちが（**当**《あ》**てこすり**）を言《い》う。

□ まことに（**おこがましい**）がその役目《やくめ》を引《ひ》き受《う》けた。

発展編

1001 ばってき

重要《じゅうよう》な役《やく》に選《えら》ぶこと。

1002 腹《はら》をくくる

覚悟《かくご》を決《き》める。

1003 合併《がっぺい》

二《ふた》つ以上《いじょう》のものが合《あ》わさって、一《ひと》つになること。

1004 排除《はいじょ》

じゃまなものを取《と》り除《のぞ》くこと。

1005 節度《せつど》

言葉《ことば》づかいや行《おこな》いの、ちょうどよい程度《ていど》。

- □ こうなったら（**腹《はら》をくくる**）しかない。
- □ クラブの部長《ぶちょう》に（**ばってき**）された。
- □ 道《みち》をふさいでいる岩《いわ》を（**排除《はいじょ》**）する。
- □ 二《ふた》つの町《まち》が（**合併《がっぺい》**）して、新《あたら》しい市《し》になった。
- □ 何事《なにごと》も（**節度《せつど》**）をたもちなさい。

ことば

1006 羽目《はめ》をはずす

いみ 調子《ちょうし》に乗《の》りすぎること。

1007 再三再四《さいさんさいし》

いみ 何度《なんど》も繰《く》り返《かえ》すこと。

1008 打診《だしん》

いみ 相手《あいて》のようすをそれとなくさぐること。

1009 ずさん

いみ やり方《かた》にあやまりが多《おお》く、いいかげんなこと。

1010 らちが明《あ》かない

いみ どうにもならない。

使い方 （　）の中に当てはまることばを入れよう！

□（**再三再四**《さいさんさいし》）の忠告《ちゅうこく》を無視《むし》する。

□（**羽目**《はめ》**をはずして**）さわぐ。

□電話《でんわ》で話《はな》していても（**らちが明**《あ》**かない**）。

□相手《あいて》の気持《きも》ちを（**打診**《だしん》）する。

□（**ずさん**）な管理《かんり》。

1011
白日《はくじつ》
真昼間《まっぴるま》。

1012
一抹《いちまつ》
ごくわずかなこと。

1013
分《わ》け隔《へだ》て
差別《さべつ》すること。

1014
逆行《ぎゃっこう》
進《すす》むべき方向《ほうこう》に逆《さか》らっていること。

1015
なまじ
中途半端《ちゅうとはんぱ》に。

- その事件《じけん》は（**白日**《はくじつ》）に起《お》きた。
- 祖母《そぼ》は孫《まご》たちを（**分**《わ》**け隔**《へだ》**て**）なくかわいがる。
- （**一抹**《いちまつ》）の不安《ふあん》を感《かん》じる。
- （**なまじ**）口《くち》を出《だ》すから、話《はなし》がまとまらない。
- その考《かんが》えは時代《じだい》の流《なが》れに（**逆行**《ぎゃっこう》）している。

ことば

1016 □ **欄《らん》干《かん》**

1017 □ **たん能《のう》する**

1018 □ **是《ぜ》非《ひ》**

1019 □ **寸《すん》分《ぶん》**

1020 □ **うさんくさい**

いみ

1016 橋《はし》などのふちにつけられた手《て》すり。

1017 十分《じゅうぶん》に満足《まんぞく》すること。

1018 善《よ》いことと悪《わる》いこと。

1019 ほんの少《すこ》し。

1020 何《なん》となくあやしい。

使い方

（　）の中に当てはまることばを入れよう！

□（**うさんくさい**）目《め》つき。

□この（**欄《らん》干《かん》**）は古《ふる》いので、寄《よ》りかかると危険《きけん》です。

□ふるさとのなつかしい味《あじ》を（**たん能《のう》する**）。

□（**寸《すん》分《ぶん》**）のすきもない。

□もう、（**是《ぜ》非《ひ》**）の判断《はんだん》がつく年齢《ねんれい》のはずだ。

1021 □
格好《かっこう》な
ちょうどいいようす。

1022 □
当《あ》てつけ
相手《あいて》に悪口《わるくち》などをそれとなく伝《つた》えること。

1023 □
白《しろ》い目《め》で見《み》る
冷《つめ》たい目《め》で見《み》る。

1024 □
羅列《られつ》
文字《もじ》や数字《すうじ》をずらりと並《なら》べること。

1025 □
独壇場《どくだんじょう》
その人《ひと》だけが思《おも》うままにふるまえる場所《ばしょ》や場面《ばめん》。

□ そんな（**白《しろ》い目《め》で見《み》る**）のはやめて下《くだ》さい。

□ （**当《あ》てつけ**）に音《おと》をたててドアを閉《し》める。

□ マラソン大会《たいかい》は彼《かれ》の（**独壇場《どくだんじょう》**）だった。

□ 二人《ふたり》で住《す》むのには（**格好《かっこう》な**）広《ひろ》さの家《いえ》だ。

□ 言葉《ことば》の（**羅列《られつ》**）だけでは、文章《ぶんしょう》になりませんよ。

ことば / いみ

1026 □
先《せん》駆《く》
他《ほか》よりも先《さき》に物事《ものごと》をすること。

1027 □
屈《くっ》託《たく》のない
くよくよすることがない。

1028 □
さじを投《な》げる
見《み》込《こ》みがないとあきらめること。

1029 □
空《くう》前《ぜん》
今《いま》までには例《れい》がないほどすごいこと。

1030 □
顕《けん》著《ちょ》
はっきり目立《めだ》つようす。

使い方
（　）の中に当てはまることばを入れよう！

□ 民主主義《みんしゅしゅぎ》の（**先駆《せんく》**）をなす。

□ （**空前《くうぜん》**）の大《だい》ヒット。

□ 薬《くすり》の効果《こうか》が（**顕著《けんちょ》**）にあらわれてきた。

□ （**屈託《くったく》のない**）笑顔《えがお》。

□ 算数《さんすう》の問題《もんだい》が難《むずか》しくて（**さじを投《な》げる**）。

1031 □
流用《りゅうよう》
ある事《こと》に使《つか》おうとしたものを他《ほか》に回《まわ》して使《つか》うこと。

1032 □
目《め》をつぶる
大目《おおめ》に見《み》ること。

1033 □
首《くび》っ引《ぴ》き
辞書《じしょ》などをいつもはなさないで使《つか》うこと。

1034 □
手《て》を回《まわ》す
前《まえ》もってひそかに手配《てはい》する。

1035 □
感化《かんか》
影響《えいきょう》を与《あた》えて考《かんが》え方《かた》や行動《こうどう》を変《か》えること。

□ 兄《あに》に（**感化《かんか》**）されて音楽《おんがく》が好《す》きになった。

□ 少々《しょうしょう》のミスには（**目《め》をつぶって**）おこう。

□ 辞書《じしょ》と（**首《くび》っ引《ぴ》き**）で英語《えいご》の本《ほん》を読《よ》む。

□ あれこれ（**手《て》を回《まわ》して**）支《し》援《えん》する。

□ 参考書代《さんこうしょだい》をゲームを買《か》うのに（**流用《りゅうよう》**）する。

ことば / いみ

1036 □ **雄弁《ゆうべん》**
じょうずに堂々《どうどう》と話《はな》すこと。

1037 □ **案《あん》の定《じょう》**
思《おも》った通《とお》り。

1038 □ **安否《あんぴ》**
無事《ぶじ》でいるかどうかということ。

1039 □ **見掛《みか》け倒《だお》し**
なかみが外見《がいけん》ほど立派《りっぱ》ではないこと。

1040 □ **共感《きょうかん》**
人《ひと》の意見《いけん》や思《おも》いに、そのとおりだと思《おも》うこと。

使い方 （　）の中に当てはまることばを入れよう！

□（**案《あん》の定《じょう》**）天気《てんき》がくずれてきた。
□被害者《ひがいしゃ》の（**安否《あんぴ》**）を気《き》づかう。
□演説《えんぜつ》で（**雄弁《ゆうべん》**）をふるう。
□友人《ゆうじん》の言葉《ことば》に（**共感《きょうかん》**）をおぼえた。
□あの選手《せんしゅ》は（**見掛《みか》け倒《だお》し**）で、すぐ負《ま》けてしまった。

1041 □
卑《ひ》屈《くつ》
心《こころ》がいじけること。

1042 □
長《なが》い目《め》で見《み》る
すぐに力《ちから》を判断《はんだん》せず、じっくり見守《みまも》ること。

1043 □
とん着《ちゃく》
気《き》にすること。

1044 □
安《あん》泰《たい》
安全《あんぜん》で平和《へいわ》なこと。

1045 □
生《なま》かじり
少《すこ》し知《し》っているだけで、十分理解《じゅうぶんりかい》していないこと。

□ 小《ちい》さな失敗《しっぱい》に（**とん着《ちゃく》**）するな。

□ （**生《なま》かじり**）の知識《ちしき》では役《やく》に立《た》たない。

□ これでわが家《や》も（**安泰《あんたい》**）だ。

□ 失敗《しっぱい》が続《つづ》いて（**卑屈《ひくつ》**）になる。

□ 新人《しんじん》の成長《せいちょう》を（**長《なが》い目《め》で見《み》る**）。

ことば / いみ

番号	ことば	いみ
1046 □	経由《けいゆ》	ある所《ところ》を通《とお》って、目的地《もくてきち》へ行《い》くこと。
1047 □	定評《ていひょう》	世間《せけん》に広《ひろ》く認《みと》められている評判《ひょうばん》・評価《ひょうか》。
1048 □	他意《たい》	隠《かく》している他《ほか》の考《かんが》え。
1049 □	たけなわ	真《ま》っ最中《さいちゅう》であること。
1050 □	矛先《ほこさき》	攻撃《こうげき》の方向《ほうこう》。

使い方

（　）の中に当てはまることばを入れよう！

- □ あの店《みせ》は良《よ》い品《しな》がそろっていると（**定評**《ていひょう》）がある。
- □ 福岡《ふくおか》（**経由**《けいゆ》）沖縄《おきなわ》行《ゆ》き。
- □ 君《きみ》のためを思《おも》って言《い》うのであって（**他意**《たい》）はない。
- □ 非難《ひなん》の（**矛先**《ほこさき》）をこちらに向《む》けるな。
- □ 桜《さくら》が満開《まんかい》で、春《はる》も（**たけなわ**）だ。

1051 □
赤裸々《せきらら》
かくしごとがまったくないこと。

1052 □
物《もの》ともしない
なんとも思《おも》わないで、少《すこ》しもおそれないこと。

1053 □
二《に》の足《あし》を踏《ふ》む
ためらう。しりごみをする。

1054 □
着目《ちゃくもく》
気《き》をつけて見《み》ること。

1055 □
たっての
どうしても、ということ。

□この点《てん》に（**着目《ちゃくもく》**）してください。

□消防士《しょうぼうし》は火炎《かえん》を（**物《もの》ともせず**）救助《きゅうじょ》にあたった。

□君《きみ》の（**たっての**）頼《たの》みとあれば引《ひ》き受《う》けましょう。

□ぼくはプールに飛《と》びこむのがこわくて、（**二《に》の足《あし》を踏《ふ》んだ**）。

□自分《じぶん》の気持《きも》ちを（**赤裸々《せきらら》**）に話《はな》した。

ことば / いみ

1056 □ **事《こと》なく** — 無事《ぶじ》に。

1057 □ **難局《なんきょく》** — 難《むずか》しい場面《ばめん》。

1058 □ **つつがない** — 病気《びょうき》や変《か》わったことがない。

1059 □ **会釈《えしゃく》** — 少《すこ》し頭《あたま》を下《さ》げて礼《れい》をすること。

1060 □ **従順《じゅうじゅん》** — すなおでさからわないようす。

使い方

（　）の中に当てはまることばを入れよう！

□ろうかで先生《せんせい》に（**会釈《えしゃく》**）をした。

□どうか、（**つつがなく**）お過《す》ごしください。

□犬《いぬ》は飼《か》い主《ぬし》に（**従順《じゅうじゅん》**）な動物《どうぶつ》です。

□（**難局《なんきょく》**）を乗《の》り切《き》った。

□大会《たいかい》も（**事《こと》なく**）終《お》わった。

1061 □

引《ひ》き合《あ》いに出《だ》す

例《れい》にあげること。

1062 □

探《さぐ》りを入《い》れる

それとなく相手《あいて》のようすを調《しら》べる。

1063 □

早計《そうけい》

早《はや》まった判断《はんだん》。

1064 □

ほのめかす

それとなくわかるように表《あらわ》したり、言《い》ったりする。

1065 □

門前払《もんぜんばら》い

たずねてきた人《ひと》を会《あ》わないで帰《かえ》すこと。

□ (**門前払《もんぜんばら》い**)をくわされた。

□ 自分《じぶん》の子《こ》どものころを(**引《ひ》き合《あ》いに出《だ》す**)。

□ そう決《き》めつけるのは(**早計《そうけい》**)だ。

□ 相手《あいて》に(**探《さぐ》りを入《い》れる**)。

□ ぼくは反対《はんたい》の気持《きも》ちを(**ほのめかした**)。

ことば／いみ

1066 □ **確約《かくやく》**

しっかりと約束《やくそく》すること。

1067 □ **浸透《しんとう》**

考《かんが》え方《かた》などがしだいに広《ひろ》がること。

1068 □ **滞《とどこお》る**

物事《ものごと》がうまく進《すす》まなくなる。

1069 □ **虫《むし》の居所《いどころ》が悪《わる》い**

きげんが悪《わる》いようす。

1070 □ **処方箋《しょほうせん》**

医師《いし》が患者《かんじゃ》に与《あた》える薬《くすり》の内容《ないよう》を書《か》いた文書《ぶんしょ》。

使い方

（　）の中に当てはまることばを入れよう！

□この（**処方箋《しょほうせん》**）を薬局《やっきょく》に出《だ》してください。

□事故《じこ》のため交通《こうつう》が（**滞《とどこお》る**）。

□会議《かいぎ》に出席《しゅっせき》すると（**確約《かくやく》**）する。

□ゴミの分別《ぶんべつ》が町内《ちょうない》に（**浸透《しんとう》**）した。

□（**虫《むし》の居所《いどころ》が悪《わる》くて**）家《か》族《ぞく》にあたりちらす。

1071 □
いたずらに
むだに。

1072 □
火《ひ》ぶたを切《き》る
たたかいや試合《しあい》を始《はじ》める。

1073 □
明《あか》るみに出《で》る
おもてに出《で》ること。

1074 □
取《と》り持《も》つ
両方《りょうほう》の間《あいだ》に立《た》って話《はなし》をまとめる。

1075 □
なけなし
少《すこ》ししかないこと。

□（**なけなし**）のお金《かね》でこの本《ほん》を買《か》った。

□被害者《ひがいしゃ》の届《とど》け出《で》により、事《じ》件《けん》が（**明《あか》るみに出《で》た**）。

□けんかした二人《ふたり》の仲《なか》を（**取《と》り持《も》つ**）。

□貴重《きちょう》な時間《じかん》を（**いたずらに**）過《す》ごす。

□熱戦《ねっせん》の（**火《ひ》ぶたを切《き》る**）。

ことば

1076 □ **瀬《せ》戸《と》際《ぎわ》**

1077 □ **続《ぞく》出《しゅつ》**

1078 □ **たしなむ**

1079 □ **破《は》竹《ちく》の勢《いきお》い**

1080 □ **支《し》障《しょう》**

いみ

1076 成功《せいこう》するか失敗《しっぱい》するかなどの大切《たいせつ》な分《わ》かれ目《め》。

1077 次々《つぎつぎ》と出《で》たり起《お》こったりすること。

1078 好《この》んで楽《たの》しむ。

1079 勢《いきお》いがいいこと。

1080 何《なに》かをするのにじゃまになること。具合《ぐあい》の悪《わる》いこと。

使い方　（　）の中に当てはまることばを入れよう！

□（**破《は》竹《ちく》の勢《いきお》い**）で勝《か》ち進《すす》んだ。

□父《ちち》は毎晩《まいばん》少量《しょうりょう》のお酒《さけ》を（**たしなむ**）。

□勝《か》つか負《ま》けるかの（**瀬《せ》戸《と》際《ぎわ》**）だ。

□けが人《にん》が（**続《ぞく》出《しゅつ》**）する。

□停電《ていでん》が仕事《しごと》に（**支《し》障《しょう》**）をきたした。

1081 □
先駆《さきが》け
真《ま》っ先《さき》に始《はじ》めること。

1082 □
年《とし》がいもない
年齢《ねんれい》にふさわしいだけの考《かんが》えや判断力《はんだんりょく》がない。

1083 □
面識《めんしき》
たがいに知《し》っていること。

1084 □
既成《きせい》
ことがらが、前《まえ》からすでに出来上《できあ》がっていること。

1085 □
どん欲《よく》
ひじょうに欲《よく》が深《ふか》いこと。

□ （**既成**《きせい》）の事実《じじつ》。

□ （**年**《とし》**がいもなく**）さわいでしまった。

□ 彼《かれ》とは（**面識**《めんしき》）がある。

□ 宇宙開発《うちゅうかいはつ》の（**先駆**《さきが》**け**）。

□ （**どん欲**《よく》）な人《ひと》。

発展編

ことば

1086 鼻《はな》をあかす

いみ

相手《あいて》が知《し》らない間《あいだ》に物事《ものごと》を進《すす》めて、あっと言《い》わせる。

1087 かんで含《ふく》める

よくわかるように、ていねいに言《い》い聞《き》かせる。

1088 果《か》敢《かん》

思《おも》い切《き》って。勇《ゆう》気《き》を持《も》って。

1089 公《こう》私《し》

社会全体《しゃかいぜんたい》に関《かん》することと、自分個人《じぶんこじん》のこと。

1090 身《み》を固《かた》める

しっかり身《み》につける。

使い方

（　）の中に当てはまることばを入れよう！

□（**かんで含《ふく》める**）ように教《おし》える。

□ライバルの（**鼻《はな》をあかし**）てやりたい。

□スーツに（**身《み》を固《かた》める**）。

□（**果《か》敢《かん》**）に立《た》ち向《む》かう。

□（**公《こう》私《し》**）の区別《くべつ》をきちんとつけなさい。

発展編

1091 終夜《しゅうや》
一晩中《ひとばんじゅう》。

1092 確立《かくりつ》
しっかりとうち立《た》てること。

1093 たらい回《まわ》し
物事《ものごと》や人《ひと》などを次々《つぎつぎ》にほかに回《まわ》すこと。

1094 耳打《みみう》ち
人《ひと》の耳《みみ》に口《くち》をよせて、そっとささやくこと。

1095 二《ふた》つ返事《へんじ》
こころよく引《ひ》き受《う》けること。

- ないしょ話《ばなし》をこっそり（**耳打《みみう》ち**）する。
- 病人《びょうにん》を（**たらい回《まわ》し**）にする。
- 強《つよ》い風《かぜ》が（**終夜《しゅうや》**）吹《ふ》きあれた。
- 国《くに》の方針《ほうしん》を（**確立《かくりつ》**）する。
- 彼《かれ》はその仕事《しごと》を（**二《ふた》つ返事《へんじ》**）で引《ひ》き受《う》けてくれた。

ことば	いみ
1096 □ 間髪《かんはつ》を入《い》れず	すぐに。
1097 □ 美談《びだん》	美《うつく》しい話《はなし》。りっぱな話《はなし》。
1098 □ 横柄《おうへい》	いばってえらそうにするようす。
1099 □ へき易《えき》	うんざりすること。
1100 □ かどわかす	だまして連《つ》れ去《さ》る。

使い方　（　）の中に当てはまることばを入れよう！

□ 幼《おさな》い子《こ》どもを（**かどわかす**）。

□ （**横柄**《おうへい》）な態度《たいど》をとる人《ひと》。

□ 質問《しつもん》に（**間髪**《かんはつ》**を入**《い》**れず**）に答《こた》える。

□ 彼《かれ》の（**美談**《びだん》）を聞《き》かされた。

□ 人《ひと》の悪口《わるくち》ばかり聞《き》かされて（**へき易**《えき》）する。

1101
妥当《だとう》
考《かんが》え方《かた》ややり方《かた》が、その場《ば》に合《あ》っていること。

1102
懸念《けねん》
心配《しんぱい》で不安《ふあん》に思《おも》うこと。

1103
圧巻《あっかん》
物語《ものがたり》や劇《げき》などの中《なか》で一番《いちばん》すぐれている部分《ぶぶん》。

1104
破局《はきょく》
物事《ものごと》がまとまらないでこわれてしまうこと。

1105
手《て》に余《あま》る
自分《じぶん》の力《ちから》で解決《かいけつ》できない。

- 天候《てんこう》が悪《わる》く、登山者《とざんしゃ》の安否《あんぴ》が（**懸念《けねん》**）される。
- 幸《しあわ》せな生活《せいかつ》も（**破局《はきょく》**）をむかえた。
- このクイズは難《むずか》しすぎて（**手《て》に余《あま》る**）。
- （**妥当《だとう》**）な意見《いけん》。
- （**圧巻《あっかん》**）なラストシーンに息《いき》をのむ。

ことば

1106 □ 導入《どうにゅう》

いみ：とり入《い》れること。

1107 □ 首《くび》を長《なが》くする

いみ：望《のぞ》みが実現《じつげん》することを願《ねが》って待《ま》つようす。

1108 □ すねをかじる

いみ：親《おや》などに生活費《せいかつひ》をもらっていること。

1109 □ 年配《ねんぱい》

いみ：経験《けいけん》を積《つ》んだ年齢《ねんれい》。

1110 □ 目《ま》の当《あ》たり

いみ：すぐ目《め》の前《まえ》。

使い方（　）の中に当てはまることばを入れよう！

□ コンピューターを（**導入《どうにゅう》**）する。

□（**年配《ねんぱい》**）の人《ひと》が親切《しんせつ》にしてくれた。

□ 兄《あに》は親《おや》の（**すねをかじる**）身《み》だ。

□ 合格《ごうかく》の返事《へんじ》を（**首《くび》を長《なが》くして**）待《ま》つ。

□ 火事《かじ》を（**目《ま》の当《あ》たり**）にした。

発展編

1111 □
閉口《へいこう》
困《こま》ること。

1112 □
当惑《とうわく》
どうしていいかわからなくて困《こま》ること。

1113 □
年季《ねんき》が入《はい》る
十分《じゅうぶん》に経験《けいけん》を積《つ》んでいること。

1114 □
見合《みあ》わせる
しばらくようすをみる、とりやめる。

1115 □
嘆願《たんがん》
理由《りゆう》などをよく話《はな》して、心《こころ》から頼《たの》むこと。

□ 天気《てんき》が悪《わる》いので、出発《しゅっぱつ》を(**見合《みあ》わせる**)。

□ 図書館《としょかん》の建設《けんせつ》を市《し》に(**嘆願《たんがん》**)した。

□ (**年季《ねんき》が入《はい》った**)技術《ぎじゅつ》だ。

□ この暑《あつ》さには(**閉口《へいこう》**)する。

□ 外国人《がいこくじん》に道《みち》を聞《き》かれて(**当惑《とうわく》**)した。

ことば / いみ

1116 □
高《たか》をくる
たいしたことはないだろうと軽《かる》く見《み》る。

1117 □
明《あ》けても暮《く》れても
いつも。毎日毎日《まいにちまいにち》。

1118 □
ぶしつけ
礼儀《れいぎ》を知《し》らないこと。

1119 □
あか抜《ぬ》け
衣服《いふく》や動作《どうさ》などがすっきりしていること。

1120 □
口《くち》が酸《す》っぱくなる
同《おな》じ事《こと》を繰《く》り返《かえ》し言《い》うようす。

使い方　（　）の中に当てはまることばを入れよう！

□（**口《くち》が酸《す》っぱくなる**）ほど注意《ちゅうい》する。

□（**ぶしつけ**）なお願《ねが》いで申《もう》し訳《わけ》ございません。

□（**明《あ》けても暮《く》れても**）寝《ね》ている。

□（**高《たか》をくる**）と失敗《しっぱい》するよ。

□（**あか抜《ぬ》け**）した人《ひと》。

1121
とんぼ返《がえ》り
目的地《もくてきち》について、用事《ようじ》がすんだらすぐに帰《かえ》ること。

1122
法外《ほうがい》
普通《ふつう》では考《かんが》えられないほど。

1123
やり玉《だま》にあげる
ある人《ひと》や物事《ものごと》を選《えら》んで、非難《ひなん》したり責《せ》めたりする。

1124
身《み》につまされる
人《ひと》の不幸《ふこう》などが、自分《じぶん》のことのように思《おも》われる。

1125
翻《ほん》ろう
思《おも》うままにあつかうこと。

- 会議《かいぎ》が終《お》わったら(**とんぼ返《がえ》り**)する。
- 船《ふね》が大波《おおなみ》に(**翻《ほん》ろう**)される。
- 友人《ゆうじん》の悲《かな》しい話《はなし》を聞《き》いて、(**身《み》につまされる**)思《おも》いがした。
- (**法外《ほうがい》**)な値段《ねだん》をつける店《みせ》。
- 規則《きそく》を守《まも》らない人《ひと》を(**やり玉《だま》にあげる**)。

ことば / いみ

1126 □
匿《とく》名《めい》
名《な》をかくすこと。

1127 □
峠《とうげ》を越《こ》す
物事《ものごと》の一番《いちばん》さかんな時期《じき》を過《す》ぎる。

1128 □
やぶから棒《ぼう》
突然《とつぜん》、何《なに》か物事《ものごと》をすること。

1129 □
転《てん》機《き》
それまでの状態《じょうたい》が別《べつ》の状《じょう》態《たい》に変《か》わるきっかけ。

1130 □
ころ合《あ》い
何《なに》かをするのにちょうどいい時《とき》。

使い方
（　）の中に当てはまることばを入れよう！

□ 暑《あつ》さもどうやら（**峠《とうげ》を越《こ》した**）ようだ。

□ 兄《あに》は結婚《けっこん》を（**転《てん》機《き》**）に仕事《しごと》にはげむようになった。

□ （**ころ合《あ》い**）を見計《みはか》らって話《はな》し始《はじ》める。

□ （**やぶから棒《ぼう》**）に大声《おおごえ》を出《だ》すな。

□ （**匿《とく》名《めい》**）の投書《とうしょ》があった。

1131 □ **薄氷《はくひょう》を踏《ふ》む**

危《あぶ》なっかしいようす。

1132 □ **目《め》ざとい**

見《み》つけるのが早《はや》いようす。

1133 □ **立《た》つ瀬《せ》がない**

自分《じぶん》の立場《たちば》がない。

1134 □ **趣《おもむき》**

ようす。感《かん》じ。

1135 □ **配偶者《はいぐうしゃ》**

結婚《けっこん》している相手《あいて》。

□ 書類《しょるい》に（**配偶者《はいぐうしゃ》**）の有無《うむ》を記《しる》す欄《らん》がある。

□ それでは私《わたし》の（**立《た》つ瀬《せ》がない**）。

□ 新緑《しんりょく》に初夏《しょか》の（**趣《おもむき》**）を感《かん》じる。

□ （**薄氷《はくひょう》を踏《ふ》む**）思《おも》い。

□ 妹《いもうと》はお菓子《かし》を（**目《め》ざとく**）見《み》つけた。

ことば / いみ

1136 □ **きゃしゃ**
ほっそりしていて弱々《よわよわ》しいようす。

1137 □ **手《て》前《まえ》みそ**
自分《じぶん》のことを自慢《じまん》すること。

1138 □ **なしのつぶて**
返事《へんじ》がないこと。

1139 □ **合《が》点《てん》がいかない**
納得《なっとく》できない。

1140 □ **鳴《な》りをひそめる**
行動《こうどう》をせずに、じっとしているようす。

使い方
（　）の中に当てはまることばを入れよう！

□どうしてぼくが怒《おこ》られるのか（**合点《がてん》がいかない**）。

□（**鳴《な》りをひそめて**）見守《みまも》る。

□何度《なんど》も問《と》い合《あ》わせたが（**なしのつぶて**）だった。

□彼《かれ》は体《からだ》つきが（**きゃしゃ**）だ。

□自分《じぶん》の作品《さくひん》が一番《いちばん》よいと、（**手前《てまえ》みそ**）を並《なら》べる。

1141 □
助長《じょちょう》
物事《ものごと》が悪《わる》い方向《ほうこう》にいく傾《けい》向《こう》が強《つよ》まること。

1142 □
やにわに
とつぜん。

1143 □
打開《だかい》
苦《くる》しい時《とき》に抜《ぬ》け出《だ》す方法《ほうほう》を見《み》つけること。

1144 □
軽視《けいし》
物事《ものごと》を軽《かる》く考《かんが》えること。

1145 □
傍観《ぼうかん》
物事《ものごと》のなりゆきをただ見《み》ていること。

□あまやかすとなまけ心《ごころ》を（**助長**《じょちょう》）する。

□たばこがおよぼす害《がい》は（**軽**《けい》**視**《し》）できない。

□（**やにわに**）声《こえ》をかけられた。

□今《いま》の状況《じょうきょう》を何《なん》としても（**打開**《だかい》）したい。

□けんかをただ（**傍観**《ぼうかん》）していた。

ことば / いみ

1146 □ **折《お》り合《あ》い**
人《ひと》と人《ひと》の仲《なか》。

1147 □ **淡《たん》々《たん》**
物事《ものごと》にこだわらないようす。

1148 □ **陳情《ちんじょう》**
問題《もんだい》を説明《せつめい》し、解決《かいけつ》してくれるように働《はたら》きかけること。

1149 □ **襟《えり》を正《ただ》す**
気持《きも》ちを引《ひ》きしめること。

1150 □ **未遂《みすい》**
やりかけたままで終《お》わること。やりとげていないこと。

使い方

（　）の中に当てはまることばを入れよう！

□ 市役所《しやくしょ》に（**陳情**《ちんじょう》）に行《い》く。

□ 銀行強盗《ぎんこうごうとう》が（**未遂**《みすい》）に終《お》わる。

□ （**襟**《えり》**を正**《ただ》**して**）先生《せんせい》の話《はなし》を聞《き》く。

□ あの二人《ふたり》はどうも（**折**《お》**り合**《あ》**い**）が悪《わる》い。

□ （**淡々**《たんたん》）とした態度《たいど》をとる。

1151 □
目《め》白《じろ》押《お》し
多《おお》くの人《ひと》や物《もの》が集《あつ》まって、混《こ》み合《あ》うこと。

1152 □
かまける
ほかのことに気《き》を取《と》られる。

1153 □
怠《おこた》る
なまける。

1154 □
不《ふ》手《て》際《ぎわ》
やり方《かた》が悪《わる》いこと。

1155 □
君《くん》臨《りん》
大《おお》きな力《ちから》を持《も》って上《うえ》に立《た》つこと。

□ 勉強《べんきょう》を（**怠《おこた》る**）。

□ 経済界《けいざいかい》に（**君臨《くんりん》**）する。

□ 店《みせ》の前《まえ》には客《きゃく》が（**目《め》白《じろ》押《お》し**）だ。

□ 遊《あそ》ぶことに（**かまけて**）勉《べん》強《きょう》を怠《おこた》る。

□（**不《ふ》手《て》際《ぎわ》**）を認《みと》める。

ことば / いみ

1156 □ **取《と》り次《つ》ぐ**
両方《りょうほう》の間《あいだ》に入《はい》って、話《はなし》を本人《ほんにん》の代《か》わりに伝《つた》える。

1157 □ **水掛《みずか》け論《ろん》**
たがいに都合《つごう》のいい理屈《りくつ》を主張《しゅちょう》し、かみ合《あ》わない議論《ぎろん》。

1158 □ **付随《ふずい》**
ある主《おも》な物事《ものごと》とつながっていること。

1159 □ **動転《どうてん》**
とてもおどろきあわてること。

1160 □ **くさす**
人《ひと》のことを悪《わる》く言《い》う。

使い方　(　)の中に当てはまることばを入れよう！

□ そのニュースを聞《き》いて気《き》が(**動転《どうてん》**)した。
□ 用件《ようけん》を(**取《と》り次《つ》ぐ**)。
□ 兄《あに》は、いつもぼくのやることを(**くさす**)。
□ (**水掛《みずか》け論《ろん》**)を繰《く》り返《かえ》していても、問題《もんだい》の解決《かいけつ》にならない。
□ ダムの建設計画《けんせつけいかく》に(**付随《ふずい》**)する環境保護《かんきょうほご》の問題《もんだい》。

1161 □
水《みず》を差《さ》す
じゃまをする。

1162 □
逆境《ぎゃっきょう》
思《おも》うようにならない、苦《く》労《ろう》の多《おお》い立場《たちば》。

1163 □
当面《とうめん》
今《いま》のところ。

1164 □
つるし上《あ》げる
大勢《おおぜい》で、ある人《ひと》を厳《きび》しく問《と》いつめて苦《くる》しめる。

1165 □
舌《した》を出《だ》す
ばかにすること。

□（**当面**《とうめん》）、予定《よてい》を変更《へんこう》するつもりはない。

□相手《あいて》がいないところで（**舌**《した》**を出**《だ》**す**）。

□（**逆境**《ぎゃっきょう》）に負《ま》けず、明《あか》るく育《そだ》つ。

□担当《たんとう》の責任者《せきにんしゃ》を（**つるし上**《あ》**げる**）。

□いい雰囲気《ふんいき》に（**水**《みず》**を差**《さ》**す**）ようなことを言《い》う。

ことば / いみ

	ことば	いみ
1166 □	脅威《きょうい》	強《つよ》い力《ちから》でおびやかされること。
1167 □	顔《かお》が売《う》れる	有名《ゆうめい》になること。
1168 □	造作《ぞうさ》ない	簡単《かんたん》だ。
1169 □	手堅《てがた》い	することが確《たし》かであぶなげがない。
1170 □	相殺《そうさい》	たがいに差《さ》し引《ひ》きしてそんとくなしにすること。

使い方

（　）の中に当てはまることばを入れよう！

□ 彼《かれ》の仕事《しごと》は（**手堅《てがた》い**）。

□ そんな問題《もんだい》は（**造作《ぞうさ》なく**）解《と》ける。

□ ようやくバンドの（**顔《かお》が売《う》れて**）きた。

□ これで貸《か》し借《か》りを（**相殺《そうさい》**）しましょう。

□ 伝染病《でんせんびょう》の（**脅威《きょうい》**）にさらされる。

1171 □
あげくの果《は》て
遂《つい》に。結局《けっきょく》。

1172 □
皆目《かいもく》
まったく。

1173 □
仏頂面《ぶっちょうづら》
機嫌《きげん》の悪《わる》い顔《かお》つき。

1174 □
めっそうもない
とんでもない。

1175 □
疎外《そがい》
仲間《なかま》はずれにして、近《ちか》づけないこと。

□ グループから（**疎外**《そがい》）される。

□ 妹《いもうと》は母《はは》にしかられて（**仏頂面**《ぶっちょうづら》）をした。

□ （**皆目**《かいもく》）見当《けんとう》がつかない。

□ 私《わたし》がその役目《やくめ》を引《ひ》き受《う》けるなんて、（**めっそうもない**）ことです。

□ 食《た》べすぎて、（**あげくの果**《は》**て**）におなかをこわした。

ことば

1176 頭打《あたまう》ち

いみ それ以上《いじょう》よくならないという限界《げんかい》。

1177 寸暇《すんか》をおしむ

いみ わずかな暇《ひま》でさえおしく感《かん》じるようす。

1178 輪《わ》を掛《か》ける

いみ さらに程度《ていど》が大《おお》きいこと。

1179 いたたまれない

いみ それ以上《いじょう》その場所《ばしょ》にいられない。

1180 神々《こうごう》しい

いみ 神《かみ》のように尊《とうと》くて厳《おごそ》かなようす。

使い方 （　）の中に当てはまることばを入れよう！

□ 冬物商品《ふゆものしょうひん》の売《う》れ行《ゆ》きが（**頭打《あたまう》ち**）の状態《じょうたい》だ。

□ はずかしさに（**いたたまれない**）気持《きも》ちだった。

□ 富士山《ふじさん》の（**神々《こうごう》しい**）姿《すがた》を拝《おが》む。

□ 今年《ことし》の冬《ふゆ》は、去年《きょねん》に（**輪《わ》を掛《か》けた**）寒《さむ》さだ。

□ 母《はは》は（**寸暇《すんか》をおしんで**）働《はたら》いている。

発展編

1181 棚《たな》に上《あ》げる
取《と》り上《あ》げないようにすること。

1182 おうよう
おおらか。

1183 病《や》み付《つ》き
物事《ものごと》に夢中《むちゅう》になり、やめられなくなること。

1184 据《す》え置《お》く
そのままにしておく。

1185 すずめの涙《なみだ》
ほんのわずかな量《りょう》のこと。

- (**すずめの涙《なみだ》**)ほどのお菓《か》子《し》をもらう。
- 自分《じぶん》のことは(**棚《たな》に上《あ》げて**)人《ひと》の失敗《しっぱい》を責《せ》める。
- 姉《あね》は(**おうよう**)な性格《せいかく》だ。
- 計画《けいかく》は五年《ごねん》も(**据《す》え置《お》かれた**)ままだ。
- この映画《えいが》は一度《いちど》見《み》たら(**病《や》み付《つ》き**)になる。

ことば	いみ
1186 □ **逸話《いつわ》**	その人《ひと》について世間《せけん》にあまり知《し》られていない話《はなし》。
1187 □ **水《みず》に流《なが》す**	これまでのことを忘《わす》れる。
1188 □ **日《ひ》の目《め》を見《み》る**	うもれていたものが、知《し》られるようになること。
1189 □ **骨《ほね》身《み》にこたえる**	体《からだ》や心《こころ》に強《つよ》くつらく感《かん》じる。
1190 □ **いたいけ**	小《ちい》さい子《こ》どもなのにかわいそうなようす。

使い方

（　）の中に当てはまることばを入れよう！

□五十年《ごじゅうねん》ぶりに（**日《ひ》の目《め》を見《み》た**）作品《さくひん》。

□寒《さむ》さが（**骨《ほね》身《み》にこたえる**）。

□彼《かれ》の知《し》られざる（**逸話《いつわ》**）。

□これまでのことを（**水《みず》に流《なが》す**）。

□（**いたいけ**）な子《こ》どもたちが飢《う》えで苦《くる》しんでいる。

発展編

1191 一杯食《いっぱいく》わす
相手《あいて》をうまくだます。

1192 もてあます
扱《あつか》いに困《こま》る。

1193 業《ごう》をにやす
いらいらして腹《はら》を立《た》てること。

1194 めでる
味《あじ》わい楽《たの》しむ。

1195 釘《くぎ》を刺《さ》す
間違《まちが》いがないように相手《あいて》に念《ねん》をおす。

- 話《はな》し合《あ》いが進《すす》まず、(**業《ごう》をにやす**)。
- 約束《やくそく》の時間《じかん》を守《まも》るように(**釘《くぎ》を刺《さ》す**)。
- 友達《ともだち》にまんまと(**一杯食《いっぱいく》わさ**)れた。
- 花《はな》を(**めでる**)。
- 夏休《なつやす》みが長《なが》いので、時間《じかん》を(**もてあます**)。

ことば / いみ

1196 □ **思《おも》い余《あま》る**
どうしてよいのかわからなくなる。

1197 □ **けしかける**
相手《あいて》に向《む》かっていくように仕向《しむ》ける。

1198 □ **肝《きも》を冷《ひ》やす**
ひじょうに驚《おどろ》いて、ぞっとする。

1199 □ **是《ぜ》が非《ひ》でも**
どんなことがあっても。

1200 □ **繰《く》り越《こ》す**
順《じゅん》に次《つぎ》へおくる。

使い方
（　）の中に当てはまることばを入れよう！

- □階段《かいだん》から落《お》ちそうになって、（**肝《きも》を冷《ひ》やした**）。
- □今度《こんど》こそ（**是《ぜ》が非《ひ》でも**）勝《か》たねばならない。
- □今日《きょう》の分《ぶん》の学習《がくしゅう》を明日《あした》に（**繰《く》り越《こ》す**）。
- □犬《いぬ》を（**けしかける**）。
- □私《わたし》は（**思《おも》い余《あま》って**）友達《ともだち》に相談《そうだん》した。

発展編

1201 □
何食《なにく》わぬ顔《かお》

何《なに》も知《し》らないような顔《かお》。

1202 □
即興《そっきょう》

その場《ば》で感《かん》じたことをすぐに表現《ひょうげん》すること。

1203 □
序《じょ》の口《くち》

始《はじ》まったばかりのところ。

1204 □
先見《せんけん》の明《めい》

先《さき》のことを早《はや》くから見抜《みぬ》く力《ちから》。

1205 □
認識《にんしき》

本当《ほんとう》のことをよく知《し》り、十分理解《じゅうぶんりかい》すること。

□ これぐらいの寒《さむ》さはまだ（**序《じょ》の口《くち》**）だ。

□ 自分《じぶん》の力不足《ちからぶそく》を（**認識《にんしき》**）する。

□ 彼《かれ》には（**先見《せんけん》の明《めい》**）がある。

□ （**何食《なにく》わぬ顔《かお》**）をして去《さ》る。

□ （**即興《そっきょう》**）でピアノを弾《ひ》く。

ことば

1206 □ 口幅《くちはば》ったい

1207 □ 足《あし》がつく

1208 □ 芋《いも》づる式《しき》

1209 □ 奥《おく》ゆかしい

1210 □ 生返事《なまへんじ》

いみ

1206 立場《たちば》など考《かんが》えずに、えらそうなことを言《い》うようす。

1207 あることが手《て》がかりとなって犯人《はんにん》がわかる。

1208 一《ひと》つから多《おお》くの物《もの》がつながってあらわれること。

1209 上品《じょうひん》で深《ふか》みがあり、何《なん》となく心《こころ》が引《ひ》きつけられる。

1210 はっきりしない、気《き》のない返事《へんじ》。

使い方

（　）の中に当てはまることばを入れよう！

□ 残《のこ》された指紋《しもん》から（**足《あし》がつく**）。

□ 彼女《かのじょ》は、たいへん（**奥《おく》ゆかしい**）人《ひと》だ。

□ 犯人《はんにん》たちが（**芋《いも》づる式《しき》**）につかまえられた。

□ 姉《あね》が本《ほん》に熱中《ねっちゅう》している時《とき》に話《はな》しかけても（**生返事《なまへんじ》**）ばかりだ。

□ 実力《じつりょく》もないのに（**口幅《くちはば》ったい**）ことを言《い》うものではない。

さくいん

[著者プロフィール]

福田尚弘　ふくだ なおひろ

慶応義塾大学文学部卒。コンピューター教材の企画制作を経て、現在、語学参考書を主とした企画・編集を行う。『ちょっと難しい1000のことば』『難語2000』等の国語シリーズ、『最低限の日本史』（以上、すべてアーバン出版局）他。

イラスト　金田あさみ（水谷事務所）
装丁デザイン　宇都木スズムシ（ムシカゴグラフィクス）
本文デザイン　琴谷綾子
編集　山田吉之（リベラル社）
編集人　伊藤光恵（リベラル社）
営業　竹本健志（リベラル社）

編集部　渡辺靖子・堀友香
営業部　津村卓・津田滋春・廣田修・青木ちはる・澤順二・大野勝司
制作・営業コーディネーター　仲野進

1日5分で成績が上がる！ 小学生の語彙力アップ1200

2020年4月30日　初版
2021年9月10日　再版

著　者　福田 尚弘
発行者　隅田 直樹
発行所　株式会社 リベラル社
〒460-0008 名古屋市中区栄3-7-9 新鏡栄ビル8F
TEL 052-261-9101　FAX 052-261-9134　http://liberalsya.com
発　売　株式会社 星雲社（共同出版社・流通責任出版社）
〒112-0005 東京都文京区水道1-3-30
TEL 03-3868-3275

©Naohiro Fukuda 2020 Printed in Japan　ISBN978-4-434-27390-2　C6081
落丁・乱丁本は送料弊社負担にてお取り替え致します。　209001